Mystische Stätten des Waldviertels

Teil I

Von Rupert Leutgeb

Impressum:

1. Auflage, November 1998

Herausgeber, Verleger: Edition Nordwald
Eigenverlag Rupert Leutgeb
Syrnauerstraße 9, A-3910 Zwettl
Tel.: 02822/54 176 Fax 53 701

Internet: www.mystomania.com
e-mail:r.leutgeb.wvnet.at auf

Umfang:
Verwendete Schrift: Times, 11 pt

Idee, Konzept, Umschlag, Grafik, Layout, Fotos: R. Leutgeb
Gedruckt in Österreich: Druckerei Verlag J.Sandler
A-3671 Marbach/Donau, Tel.: 07413/501 13.

ISBN 3-901287-02-7

Vorwort

Im Waldviertel begegnet der aufmerksame Beobachter auf Schritt und Tritt seltsamen Felsgebilden, rätselhaften Erdställen, geheimnisvollen Kultstätten, also alles in allem Örtlichkeiten, welche sich wohl am besten unter dem Oberbegriff *„Mystische Stätten“* einordnen lassen. Mystik, gewachsen aus Natur und Landschaft, aus kriegsreicher Geschichte, geformt von Glaubensvorstellungen archaischer, vorchristlicher Art und altertümlichen Brauchhandlungen, vielschichtig gestaltet aus der Beobachtung der Natur und dem Wissensdrang heraus, Geheimnisse aufzuspüren.

In diesem Buch finden Sie 52 dieser sogenannten *„Mystischen Stätten des Waldviertels“*, von rätselhaften Steingebilden über die ältesten Frauenstatuetten der Welt aus der Steinzeit, bis zu unerklärlichen Spuren des Henkerwagens aus einer schriftlichen Überlieferung heraus. Der Bogen spannt sich weiters von Kult- und Energiesteinen über Druidentreffpunkte und rituellen Orten bis zu rätselhaften Erdställen, zum Teil in Granit gehauen mit Rundgängen, die es nur im Waldviertel gibt.

Die Karte soll eine Übersicht über die Standorte, Wegzeit (im Viertelstundenryhtmus) und Erreichbarkeit mit dem Rad geben. Zur Orientierung gibt es hunderte Hinweisschilder, die die beschriebenen 52 mystischen Stätten leichter auffindbar machen. Als zusätzliche, ergänzende Informationsquelle gibt es auch eine umfangreiche Homepage im Internet.

Ich bin überzeugt, daß es sich lohnt, die mystischen Stätten des Waldviertels zu entdecken. Dieses Buch soll ein guter Wegweiser sein und zu weiteren Nachforschungen anregen, und letztlich auch im Hinblick auf die bevorstehende Landesausstellung des Jahres 2001, darlegen, daß das Waldviertel nicht allein das *„Königreich der Stille“* ist, wie es schon einmal ein Poet ausdrückte, sondern auch das Königreich der Phantasie, der Wunder und Mythen. Das Mystische im Waldviertel ist lebendig und gleichsam Lebensnerv der Landschaft, der Geschichte und der Menschen, die diese einmalige Konstellation zwischen Landschaft, geschichtlichen Wurzeln und der daraus resultierenden spirituellen Stimmung suchen.

Daß das Waldviertel als Zweitwohnsitz in den letzten zwanzig Jahren zum Mekka für bekannte und berühmte Österreicher aus dem Musik-, Kunst- und Kulturbereich wurde, kommt nicht von ungefähr. Die vielen Maler, Bildhauer, Schauspieler, Dichter, musisch-Kreative etc. wissen schon warum.

Um aus der Vergangenheit zu lernen, wie in Zukunft die Gegenwart zu meistern ist, müssen wir die spirituelle Kraft des Waldviertels nutzen lernen. Diese Region und ihre mystischen Stätten sind eine Chance für geistig-seelische Animation.

Rupert Leutgeb

Inhaltsverzeichnis

1. Die Weltkugel bei Oberrosenauerwald

Die VERWITTERUNG schafft im GRANIT die seltsamsten Formen. So kann es auch geschehen, daß Wind und Wetter einen GRANITBLOCK zu einer KUGEL „zuschleifen".

Dies ist bei der *„WELTKUGEL"* der Fall, welche sich im Gebiet zwischen WURMBRAND und NIEDERNEUSTIFT mitten im dichten Wald befindet. Diese Weltkugel ist etwa vier Meter hoch und bildet den Mittelpunkt für eine ganze Gruppe von Steinen, bei denen sich auch ein SCHALENSTEIN finden läßt. Eine *„BLUTRINNE"* hat sich gleichfalls in einen der Steine gegraben.

Warum es zum Namen *„Weltkugel"* gekommen ist, ist nicht mehr bekannt. Man kann annehmen, daß es sich um eine jüngere Bezeichnung handelt. Ein Steingebilde mit einem Globus in Verbindung zu bringen, das ist nicht mehr die einfache Phantasie des Volkes. Auf jeden Fall haben wir es hier mit einem eindrucksvollen Stein zu tun, der zu allerlei Gedankengängen und Vorstellungen Anregungen bietet.

Zu erwähnen ist sicher auch, daß sich die „Weltkugel" auf einer GEOMANTISCHEN LINIE befindet. Vielleicht war sie einmal in einem übergeordneten System unserer Ahnen ein wichtiger MITTELPUNKT. Daß wir dieses System der Ordnung, in welches sehr viele mystische Stätten unseres Waldviertels eingebunden sind, nicht - oder vielleicht auch nicht mehr - kennen, macht einen besonderen Reiz der Beschäftigung mit diesen Kulturdenkmälern der Vergangenheit aus.

Man kann sich gut vorstellen, daß dieses Steingebilde bei Oberrosenauerwald als Weltkugel angesehen werden kann.

2. Das Teufelsbett in der Blockheide bei Gmünd

Daß der Teufel in diesem Bett aus Stein gut geschlafen hat, ist kaum nachvollziehbar, auf jeden Fall ist das Teufelsbett eine besondere Sehenswürdigkeit in der Blockheide bei Gmünd.

An die Grenzstadt Gmünd anschließend, befindet sich eine der urtümlichsten und reizvollsten Landschaften Mitteleuropas. Gerade rechtzeitig hat man den Naturpark Blockheide unter Naturschutz gestellt und so für die Gegenwart und Nachwelt erhalten. Es ist eine Heidelandschaft, der Kiefern und Birken das Gepräge geben, man vermeint sich nach Skandinavien versetzt.

Auch dort ragen seltsame Steingebilde in die Landschaft, es sind echte „*Findlinge*“, welche vom Gletschereis der Vorzeit dorthin gebracht wurden und die keinerlei Zusammenhang mit dem geologischen Untergrund ihres jetzigen Standortes haben.

Das Waldviertel war nie vergletschert und so sind die seltsamen Gesteinsgebilde im wahrsten Sinne des Wortes bodenständig. Hier an Ort und Stelle entstanden sie durch Wind und Wetter - oder, wenn man den Sagen Glauben schenken will, durch allerlei geheime, mystische Kräfte. Auf jeden Fall sind sie ident mit ihrem Untergrund. Waldviertler Granit hier wie dort, scheinbar unverwüstlich und dennoch dem Zeitensturm der Jahrtausende unterworfen, die ihm seine Spuren eingegraben haben. Zeitläufe und Dimensionen, die dem einfachen Menschen freilich lange unbegreiflich waren, vielleicht auch heute noch sind. Und da beginnt die Sage ihr Garn zu spinnen...

So weiß man hier vom Teufel zu erzählen, der die Waldviertler vom Pfade der Tugend abbringen wollte. Aber in der Gegend von Grillenstein schenkte man ihm keinerlei Gehör, was natürlich den Teufel immer mehr in Wut brachte.

Die Menschen durchschauten den Teufel und seine bösen Absichten. So war es denn auch kein Wunder, daß man dem Höllenfürsten im Dörfchen Grillenstein auch kein Nachtquartier gewährte. So richtig vor Wut glühend, mußte der Teufel den Ort verlassen, selbst er war müde geworden und hatte gehofft, ein Nachtquartier zu finden. So freute er sich, daß eine der Bäuerinnen offensichtlich eine TUCHENT und einen KOPFPOLSTER auf der Wäschestange vergessen hatte. Das kam dem Teufel sehr gelegen, nun hatte er etwas zum Zudecken und einen Polster, auf den er sein vom vielen Nachsinnen über Bosheiten nun doch müde gewordenes Haupt betten konnte.

Aber Tuchent und Polster waren nicht zufällig auf der Wäschestange geblieben, die Grillensteiner wollten damit den Teufel endgültig aus ihrer Gegend vertreiben und sie hatten deswegen Tuchent und Polster mit FLÖHEN gefüllt.

Von all dem ahnte der Teufel nichts. Enttäuscht über die Standhaftigkeit der Grillensteiner, die sich um nichts in der Welt von ihm und seinen höllischen Künsten verführen lassen wollten, beschloß er, sich außerhalb des Ortes zur Ruhe zu legen. Ein HEUHAUFEN bot sich da so richtig an. Der Teufel legte den Polster darauf und deckte sich mit der Tuchent zu. Bald war er friedlich eingeschlummert. Aber da begannen sich die Flöhe und Wanzen zu regen und zu Hunderten fielen sie über den armen Teufel her und verbissen sich in seinem Fell. An eine gemütliche Nachtruhe war nun für diesen nicht mehr zu denken. Die Flöhe bissen immer ärger und ärger, der Teufel hatte furchtbare Qualen auszustehen und wußte nicht mehr ein noch aus vor lauter Schmerzen.

Wenn der Teufel sein Frühstück haben wollte, war das gar nicht schwierig, nicht allzu weit entfernt vom Teufelsbett gibt es nämlich des Teufels Brotlaib.

Nicht allein der Teufel hat in der Blockheide seine Spuren hinterlassen, an den Aufenthalt heiliger Personen erinnert etwa der mächtige Christophorusstein.

Da ergriff unsagbare Wut den TEUFEL, er VERFLUCHTE alles und vor allem das verhängnisvolle BETT. Zu STEIN sollte es werden und so daran erinnern, daß der Teufel hier in der Gegend gewesen war. Das *„TEUFELSBETT"* gibt es heute noch in der Blockheide bei Grillenstein, der Teufel hat die Menschen in jenem Dorf aber niemals mehr heimgesucht, wohl weil er Angst hatte, daß diese versuchten, ihn mit noch mehr ausgesuchten Bosheiten zu vertreiben.

Soweit die Sage, wie sie uns der Bildhauer und verdienstvolle Mitretter der Blockheide CARL HERMANN erzählt und dabei vielleicht auch ein wenig seine eigene Phantasie spielen hat lassen.

Eine andere Sage handelt auch vom TEUFEL. Hier freilich erweist er sich als erfolgreicher GEGNER der GOTTESMUTTER MARIA, die mit ihrem Jesukind vor der heißen Sonne Ägyptens in das Waldviertel geflohen war. An vielen Orten hat sie bekanntlich einen Rastplatz gefunden und immer wieder auch Wunder bewirkt. Das war ihr in der heutigen Blockheide nicht vergönnt, denn als sie gerade ein Bett für die Nachtruhe gefunden hatte, verwandelte dieses der Teufel in Blitzesschnelle zu Stein. Worauf Maria das Gebiet rasch und enttäuscht verließ. Bis heute aber soll das *„Teufelsbett"* an diese Geschehnisse erinnern.

Eine Erinnerung an kriegsreiche Tage ist in der Blockheide bei Gmünd das Schwedenkreuz.

Bei diesem Steingebilde sieht man ganz eindeutig, daß es seinen Namen mit vollem Rechte trägt. Deutlich kann man das „*UNTERBETT*“ erkennen, über das man die „*TUCHENT*“ gebreitet hat und unschwer ist auch der KOPFPOLSTER auszumachen. Das längliche Granitgebilde hat eine Länge von etwa 7,5, eine Breite von 4,5 und eine Höhe von 4 Metern. Bereits 1930, also etwa drei Jahrzehnte vor Schaffung der Blockheide, wurde das „*Teufelsbett*“ zum NATURDENKMAL des Landes Niederösterreich erklärt.

Im Naturpark Blockheide Eibenstein gibt es noch eine ganze Reihe besonderer Granitgebilde, die auch alle von Sagen umrankt sind. Der Teufel hat mehrfache Spuren hinterlassen und offensichtlich hier in der Blockheide auch getafelt, wie sonst würde man hier seinen BROTLAIB und KRAUTKOPF betrachten können. Ein Besuch dieser herrlichen Landschaft lohnt sich auf jeden Fall, und es ist dann immer wieder auch eine Begegnung mit den mystischen Spuren und Zeugnissen vergangener Jahrhunderte.

3. Dolmenähnliche Anlage in Schrems

Unter Dolmen versteht man tischartig angeordnete Grabanlagen aus der Vorzeit. Diese sind vor allem in Irland, England und der französischen Bretagne zu finden. Stehende Tragsteine haben einen Deckstein als Dach aufgesetzt, je nach der Länge des Grabes kann es mehrere Tragsteine bzw. Decksteine geben.

Im Waldviertel ist bisher nur eine derartige Anlage bekannt geworden, nämlich jene unweit der Hauptschule von Schrems.

Das rätselhafte Bauwerk hat eine Länge von fast vier Metern. Die Höhe der Tragsteine beträgt durchschnittlich 1,9 Meter. Der Gang ist etwa 90 Zentimeter breit und öffnet sich leicht nach Süden. Beachtung verdient noch der große, symmetrisch gesprungene liegende Restling neben dem Dolmen. Von seiner Form her gibt er einige Rätsel auf.

Ungeklärt ist überhaupt, welchen Zweck die gesamte Anlage gehabt hat, haben wir es mit einer Grabanlage zu tun oder diente sie kultischen Zwecken. In nur 18 Meter Entfernung befindet sich das im nächsten Abschnitt näher beschriebene Hügelgrab. Ein Zusammenhang zwischen diesen beiden mystischen Stätten liegt nahe, freilich muß zur Klärung noch mancherlei wissenschaftliche Forschungsarbeit geleistet werden.

Eindrucksvoll und von Rätseln umgeben ist die dolmenähnliche Anlage im ehemaligen Park der Herrschaft Schrems, heute unweit des Schulzentrums.

Im Bereich von Tumulus und dolmenähnlicher Anlage in Schrems zahlt es sich auch aus, auf den Boden zu schauen. Da sieht man nämlich, wie vermutlich die Wurzeln eines Baumes seltsame Hohlräume in die Steine geprägt haben. Es entstanden kuriose, symmetrische Risse.

Zu beachten mag wohl auch sein, daß sich hier einstmals der SCHLOSSPARK der HERRSCHAFT SCHREMS befunden hat. Die ALTE BURG von Schrems befand sich an der Stelle der heutigen PFARRKIRCHE. Den Platz in der NIEDERUNG AN DER BRAUNAU hat man zum Neubau des Schlosses vielleicht nicht zufällig gewählt. Zusammenhänge, die wahrscheinlich nie mehr ganz zu klären sind.

4. Der Tumulus in Schrems

Unweit der DOLMENARTIGEN ANLAGE im Bereich der HAUPTSCHULE SCHREMS befindet sich ein TUMULUS, wie man ihn sonst nirgendwo im Waldviertel findet.

Unter TUMULI versteht man GRABANLAGEN AUS STEIN, die sich oftmals unter riesigen, händisch aufgeschütteten HÜGELN befinden. Sie bestehen immer aus GEWÖLBEÄHNLICHEN, mit bewundernswerten statischen Kenntnissen ausgeführten, STEINSCHICHTUNGEN in RUNDBOGENFORM. Vermutlich hat man bereits hier, wie es auch heute noch beim Gewölbebau der Fall ist, HOLZVERSCHALUNGEN, sogenannte RUMINADEN, verwendet.

Das Hügelgrab in Schrems hat eine Größe von jeweils drei Metern. Es fällt auf, daß die Steine ungewöhnlich spitz zubehauen sind.

Die enge Nachbarschaft zur Dolmenanlage kann wohl kein Zufall sein. GRABANLAGE oder KULTPLATZ - eine nähere Deutung muß noch auf weiterer wissenschaftlicher Forschungsarbeit basieren.

Hingewiesen werden soll noch auf eine GEOMANTISCHE BESONDERHEIT. Die *„BURGLEIT'N"*, Mauerreste einer Festung bei KIRCHBACH in der Gemeinde Rappottenstein, die PYRAMIDE bei OBERNEUSTIFT und der Tumulus mit der dolmenähnlichen Anlage in Schrems liegen auf EINER LINIE. Vielleicht haben wir es hier mit einem Teil eines ÜBERGEORDNETEN GEOMANTISCHEN SYSTEMS zu tun.

Weitere wissenschaftliche Forschungsarbeit ist noch notwendig, um so manches Rätsel um den Tumulus in Schrems zu klären.

Der Blick in das Innere des Tumulus zeigt deutlich, daß seine Erbauer gut mit dem heimischen Stein umgehen konnten.

5. Der Fiedelstein bei Litschau

Ein stattlicher GRANITBLOCK befindet sich zwischen LITSCHAU und HAUGSCHLAG, unweit des Dorfes HÖRMANNS, gleich links neben der Straße von Hörmanns über Türnau nach Haugschlag gelegen. Vom HERRENSEE aus führt ein WANDERWEG durch die reizvolle Waldviertler Landschaft direkt zum FIEDELSTEIN.

Eine mächtige SCHALE hat sich in diesen Stein derartig eingetieft, daß sie einem SITZ ähnelt, der zur beschaulichen Rast einlädt. Ein EISERNES KREUZ befindet sich ziemlich genau hinter dieser Schale. Es ist nicht ohne Grund aufgerichtet worden, wie aus der folgenden Überlieferung deutlich hervorgeht.

Immer wieder haben nächtliche Wanderer in dieser Schale ein KLEINES MÄNNLEIN sitzen sehen, das auf seiner GEIGE AUFSPIELTE. Und dieser kleine Mann, der in JÄGERTRACHT gekleidet war, vermochte es wunderbar, aus seinem Instrument verlockende Töne hervorzuzaubern.

Wer diese Töne hörte, der blieb wie gebannt stehen und vermochte sich dem Zauber dieser Musik nicht mehr zu entziehen. So bemerkte denn auch keiner, daß unter dem feschen Jägerhütel des nimmermüden Geigers kleine HÖRNER hervorlugten. Der aufmerksame Leser weiß inzwischen schon, daß dieser nächtliche Geiger niemand anderer als der TEUFEL war, der sich gerne in Jägertracht den Menschen zeigt. Und wenn der Teufel erscheint, dann ist er immer darauf aus, den Menschen ein Leid anzutun.

Nach einiger Zeit pflegte nämlich das Männlein seinen Sitz zu verlassen und sich, immer noch Geige spielend, zu entfernen. Vom wunderbaren Spiel fasziniert, zugleich aber WILLENLOS geworden, folgten nun die Menschen dem unbekannten Geiger und ließen sich tiefer in die Wälder, den SÜMPFEN zu, locken. Plötzlich verstummte die wundersame Musik, die in die Irre geleiteten und durch das zauberhafte Spiel ohnehin schon verwirrten Wanderer vergingen sich immer mehr im Moorgebiet und manch einer fiel in einen unergründlichen Morast, wo er dann elendig zugrunde ging.

Nur wer bereits den Geigenspieler, während dieser noch auf dem Steine saß, als unheilvolle Gestalt erkannte und rasch ein Kreuz schlagen konnte, der blieb gerettet. Denn das KREUZZEICHEN kann der Teufel nicht sehen, da ist seine Macht zu Ende. Schlug nun jemand ein Kreuz, so war der Teufel mit einem Male verschwunden und der Wanderer konnte ungehindert seinen Weg fortsetzen. Einige erzählten dann auch von ihren nächtlichen Erlebnissen, aber trotz deren Warnungen fielen immer wieder Menschen dem teuflischen Geigenspiel zum Opfer.

Da begab es sich einmal, daß eine lustige KIRTAGGESELLSCHAFT auf dem Heimweg von HAUGSCHLAG nach LITSCHAU unterwegs war. Man befand sich in bester Stimmung und war voll angenehmer Erinnerungen an den abgelaufenen vergnüglichen Tag. Wie gerufen kam daher der nächtlichen Gesellschaft das wundersame Geigenspiel. Freudigen Herzens beschloß man, hier, mitten im Wald, zu den Klängen des seltsamen Geigers neuerdings zu tanzen. Das sollte die KRÖNUNG des KIRTAGSVERGNÜGENS sein. Die meisten waren vom ungewohnten Wein benebelt, eini-

Beim Fiedelstein bei Hörmanns im Litschauer Bereich fällt es leicht, zu glauben, daß hier in der Sitznische einmal der Teufel zum Tanz aufgespielt hat.

gen fiel aber auf, daß zu den Klängen des Geigers weiße WÖLKCHEN aufstiegen, die fürchterlich nach PECH und SCHWEFEL stanken. Diese wenigen halbwegs nüchternen Leute konnten die anderen dazu überreden, schleunigst den Platz zu verlassen. So konnte die ganze Schar der Kirtagbesucher dem Teufel entkommen.

Am nächsten Morgen gingen einige beherzte Männer aus dieser Gruppe hinaus zum Steinblock. Ruhig und friedlich war es dort, aber im Stein fand sich plötzlich eine VERTIEFUNG, eine Schale. Die Leute glaubten, der TEUFEL habe sie in seiner WUT, weil ihm nun wieder arme Seelen entgangen seien, in diesen FELSEN GEBRANNT. Um nun ein für allemal dem Treiben des Teufels Einhalt zu gebieten, stellten die Männer ein KREUZ auf dem Stein auf. Seither konnte der Teufel hier nie mehr aufgeigen und nur der Name FIEDELSTEIN erinnert daran, daß einstmals hier der Höllenfürst manch Menschenkind in seine Gewalt bekommen hatte.

LITSCHAU hat eine Vielzahl von Stätten zu bieten, welche an die VERGANGENHEIT erinnern und besondere Überlieferungen besitzen. Eine GRÄFIN soll dem SCHWEDENFÜHRER den Löffel vom Mund geschossen haben, als er gerade um den sogenannten „Alterstein" mit seinen Truppen lagerte. Daraufhin brachen die Schweden die Belagerung der Stadt ab, der MEISTERSCHUSS der Gräfin hatte Litschau unsagbares Leid und bittere Not erspart. Nur eine Erzählung aus vergangenen Tagen einer Stadt, die durch einen MINNESÄNGER ihres Namens und als Heimat des Vaters der Gebrüder SCHRAMMEL auch im musischen Bereich eine besondere Rolle spielt.

Ist es ein riesiges Schaukelpferd oder ein versteinertes Roß der Wilden Jagd - viele Steingebilde, wie hier eines auf dem Weg zum Mandlstein, haben keinen eigenen Namen, keine eigene Sage, verdienen aber doch unser Interesse und regen die Phantasie an.

6. Der Frauenschuh bei Heinrichs

Die Detailaufnahme zeigt, wie sich in der einen Schale des Frauenschuhs das Wasser hält, dem eine besondere mystische Bedeutung zukommt.

Eine Station des ERLEBNISWEGES in Heinrichs bei Weitra ist der FRAUENSCHUH. Wieder haben wir es mit einem der in unserem Waldviertel so häufigen SCHALENSTEINE zu tun. Ursprünglich bestanden wohl ZWEI STEINSCHALEN nebeneinander. Im Zuge der fortschreitenden VERWITTERUNG ist allmählich die ZWISCHENWAND AUSGEBROCHEN, gänzlich verwittert. Nun schaut die neue Schale, aus zwei Schalen entstanden, aus, wie der ABDRUCK EINES FUSSES BZW. SCHUHES.

An niemand geringeren als an die GOTTESMUTTER MARIA soll dieser Schuhabdruck erinnern, daher auch sein Name Frauenschuh. Maria war auf ihrer Reise durch das Waldviertel mit ihrem göttlichen Knaben - sie flüchtete aus dem heißen Ägypten in eine kühlere Gegend und wurde vom „Christusträger“ Christophorus in der Wachau durch die wild reißend dahinfließende Donau getragen - auch in die Gegend von Weitra gekommen. Hier bei diesem FELSBLOCK unweit von Heinrichs fand sie eine RASTSTÄTTE. Aber nur kurzer Aufenthalt sollte dort der Gottesmutter beschieden sein. Bald kamen nämlich die HIRTENKNABEN und erzeugten mit ihren PEITSCHEN einen fürchterlichen LÄRM. Maria fürchtete nun, daß der göttliche Knabe aufwachen und erschrecken könnte. Eilends verließ sie darum den Stein und machte sich neuerdings auf die Wanderschaft. Zur ewigen Erinnerung an die Anwesenheit Marias und des Jesuknaben blieb aber der SCHUHABDRUCK DER GOTTESMUTTER IM GRANITFELSEN.

Ein Stein mit mehr als 20 Schalen liegt unweit des Parkplatzes auf dem Weg zum Mandlstein. Da in diesem Fall die Schalen auf jeder Seite des Steines zu finden sind, ist die natürliche und auch künstliche Entstehung ein absolutes Rätsel.

Wir wissen, wo deren nächste Station war, etwa dreißig Kilometer entfernt in MARIA SCHNEE IN KAPLITZ, bereits in BÖHMEN liegend. Auch dort drückte sich der Schuh der Gottesmutter in einem Granitfelsen ab. Zusätzlich wurde der Felsen auf wundersame Weise gespalten und dieser SPALT soll von Jahrhundert zu Jahrhundert wachsen. Ist er einmal so groß, daß ein Wagen durchfahren kann, so weiß die Überlieferung zu berichten, dann ist die Stunde des WELTUNTERGANGES gekommen. In Kaplitz beachtete man mehr die Zeichen der Anwesenheit Marias und errichtete über ihrem Schuhabdruck eine WALLFAHRTSKAPELLE, die später durch die großartige und kunstvolle KIRCHE MARIA SCHNEE ersetzt wurde. Dem Glauben feindliche Zeiten in der jüngeren Vergangenheit haben allerdings zum VERFALL dieses einst wichtigen Wallfahrtsheiligtumes geführt.

Kehren wir zurück zu unserem FRAUENSCHUH am ERLEBNISWEG von HEINRICHS. Er ist nicht der einzige Stein, der Aufmerksamkeit verdient. Der MANDLSTEIN als markanter AUSSICHTSPUNKT und seit Jahrzehnten Ort der ZUSAMMENKUNFT DER HEIMATVERTRIEBENEN, gipfelt in einer massiven STEINFORMATION, wobei das MANDLSTEINTOR an die VERTREIBUNG vieler deutschsprachiger Einwohner des Gebietes nach KRIEGSENDE 1945 erinnert.

Auf dem Wege dorthin begegnen uns noch so mancherlei Felsgebilde, von denen einige in folgenden Kapiteln vorgestellt werden. Ob beim benachbarten Rutschstein ursprünglich Fruchtbarkeitsriten junger Frauen stattfanden, weiß keiner mehr, heute ist er ein erlebnisreicher Ort für unsere Jüngsten. Die Kinder haben schon lange das Vergnügen entdeckt, über diesen Stein zu rutschen. Man kann sich auch auf eine geeignete Steinplatte setzen und die etwa 10 Meter lange „Rutschpartie“ genießen.

Sind der Frauenschuh und der Rutschstein nur knapp über 800 Meter vom Ausgangspunkt des Erlebniswegs, dem Gasthaus Stangel in Heinrichs, entfernt, so muß man zum Kudelring, der sich immerhin in 752 Metern Seehöhe befindet, nicht allein eine gewisse Steigung, sondern auch ziemlich genau zweieinhalb Kilometer Wegstrecke in Kauf nehmen. Dafür befindet man sich aber an einem historischen Platz. Auch das Granitgebilde verdient Beachtung, über einem Block erheben sich vier wie sorgfältig aufeinandergelegte Granitschichten, scheibenförmig aufragend.

Der Kudelring soll an die Kuenringer erinnern. Freilich haben wir es auch hier nicht mit reiner Geschichtsüberlieferung zu tun, sondern diese Sage hat Namen

Wohl eines der mächtigsten Felsmassive bildet den Gipfel des Mandlsteines, man kann wahrhaftig von Felstürmen sprechen.

Der Rutschstein bei Heinrichs verdient es, von allen Seiten betrachtet zu werden. Hier sehen wir die schon recht abgeschliffene „Rutschbahn“.

und Zeiten ein wenig durcheinander gebracht. Zur Zeit des BAUERNAUFSTANDES im 16. Jahrhundert waren nämlich die Kuenringer nicht mehr Besitzer von Weitra. Die örtliche Überlieferung besagt nun aber, daß die Kuenringer zur Zeit des Bauernaufstandes die ANFÜHRER der Bauern mit dem Tod durch den GALGEN bestraften und jener Steinblock zur Erinnerung an diese Geschehnisse den Namen Kudelring trägt. Daß wir uns hier im KUENRINGERLAND, im alten *„districtus Witrensis“*, im WEITRAER BEZIRK also, befinden, steht außer Zweifel. Ob nun Erinnerung an die Kuenringer oder steinernes Mahnmal an den Bauernkrieg, der Kudelring verdient auf jeden Fall einen Besuch.

DOPPELWACKELSTEIN und SCHALENWUNDER werden an anderer Stelle genauer beschrieben. Es gibt aber noch eine Reihe anderer Steingebilde. So den HUTSTEIN, den eine INSCHRIFT als GRENZPUNKT der HERRSCHAFT WEITRA ausweist. Bereits in 825 Metern Seehöhe und über viereinhalb Kilometer vom Ausgangspunkt entfernt, liegt an diesem Erlebnisweg auch die MAUSEFALLE. Man kann sich bei diesem imposanten Felsgebilde unschwer vorstellen, daß es einmal zuschnappen könnte. Und dann würde nicht bloß ein Mäuschen erdrückt. Aber keine Angst, der Stein befindet sich schon Jahrtausende in seiner auffallenden schräg aufgerichteten Stellung und wird sicher nicht gerade bei Ihrem Besuch umkippen. Und wenn man gerade in richtiger Gesellschaft ist und die Witterung paßt, dann lädt wenig später die LIEBESLAUBE, eine stimmungsvolle Nische im Granit, zur gefühlvollen Rast ein. Heinrichs hat also allerlei Erlebnisse zu bieten.

Diese Aufnahme des Rutschsteines läßt die Länge der „Rutschbahn“ erkennen und zeigt auch deutlich die gewölbte Oberfläche auf.

Auch ein Blick unter die Schmalseite des Rutschsteines lohnt sich, hier sieht man nämlich deutlich, daß sich dort eine kleine Höhle gebildet hat.

7. Das Grafenhäusl bei Schrems

Kommt man von der Grenzstadt GMÜND in die Granitstadt SCHREMS, so befindet sich an der rechten Seite, knapp vor der Ortseinfahrt und von der Durchzugsstraße gut sichtbar, eine der SELTSAMSTEN GESTEINSSCHICHTUNGEN im WALDVIERTLER GRANIT, das *„GRAFENHÄUSL"*.

Tatsächlich kann man sich gut vorstellen, daß hier einmal ein SCHLOSS bestanden hat, wie die örtliche SAGE zu überliefern weiß. Eine GRANITPLATTE liegt so über den BLÖCKEN, daß sie wie ein DACH wirkt und darunter den *„RAUM"* eines Hauses, in welchem sich eine *„BANK"* zur Rast befindet, erkennen läßt.

Wie ist es zu diesem besonderen und in seiner FORMGEBUNG EINZIGARTIGEN STEINGEBILDE gekommen? Die SAGE weiß sehr wohl eine Erklärung anzubieten. Ein GRAF, der seinen Bauern und Untergebenen ein harter Herr war, hatte hier einstmals seine Burg. Auch die Bettler fanden bei ihm keine Gnade und Hilfe. Als einmal ein Bettler um altes, hartes Brot bat, um wenigstens damit seinen Hunger stillen zu können, da entgegnete ihm der Graf hohnlachend, lieber verfüttere er das Brot an seine Schweine, als daß er es einem Bettler geben wolle. Daraufhin verfluchte der Bettler den hartherzigen Grafen, ALL SEIN BROT MÖGE IHM ZU STEIN WERDEN. Der Fluch des Bettlers erfüllte sich, der Graf konnte sich nun von nichts mehr ernähren und mußte sein Schloß verlassen. Nur das *„Grafenhäusl"* erinnert heute an die einst stolze Festung und ist auch steinernes Mahnmal dafür, daß man Nächstenliebe üben muß und arme Menschen nicht einfach verstoßen darf.

Interessant ist, daß FRANZ KIESSLING, der doch überall Opfersteine annahm, das *„GRAFENHÄUSL"* als NATÜRLICHE BILDUNG erklärte: *„Hier sieht man deutlich, wie*

Das Grafenhäusl bei Schrems, der Rest einer „Steinfestung".

der aus dem Boden emporragende Granitblock in etwa sieben mächtige plattenförmige Teile zerklüftete, aus deren Mitte ein Teilstück herausgewittert erscheint, so daß ein ziemlich breiter Spalt entstanden ist.". Kießling überliefert, allerdings ohne nähere Hinweise, daß hier einstmals ein EINSIEDLER gehaust haben soll.

Vom GRAFENHÄUSL erreicht man nach kurzer Wegstrecke das wildromantische BRAUNAUTAL. Mühsam hat sich der kleine Fluß den Weg durch den Granit gegraben und scheinbar erfreut über diesen „Sieg" plätschern nun die Wellen munter über die großen Steinblöcke dahin. Am rechten Flußufer in Richtung NIEDERSCHREMS befindet sich das *„PUMMERLOCH"*. Allerlei ZWERGE und ELFEN sollen hier gehaust haben, zumindest weiß der Schremser Schulmann und Märchendichter OTTO MÖLZER davon zu berichten.

Aus dem *„PUMMERLOCH"* ist dann in neuerer Zeit die GRASELHÖHLE geworden. Der im Waldviertel legendäre Räuber hat hier allerdings nie gehaust, ihm standen bequemere Unterkünfte, zugegeben bei den Ausgestoßenen der Orte, wie es etwa die Wasenmeister waren, zur Verfügung. Etwas abseits vom linken Ufer der Braunau befindet sich die sagenumwobene HEUMÜHLE, die im Kern schon über 500 Jahre alt ist und einst die Wasserkraft des Braunaubaches nutzte. Oberhalb der Heumühle soll ALTES MAUERWERK an eine vormalige Befestigung erinnern. Ist es eine *„SCHWEDENSCHANZE"* oder gar noch ein Befestigungsrest aus der Zeit der Besiedelung des Waldviertels? Der Spaten des Frühhistorikers müßte hier erst zu graben beginnen.

8. Der Doppelwackelstein bei Heinrichs

Zu den besonders interessanten Steingebilden des Waldviertels zählen wohl in erster Linie die WACKELSTEINE. Wenn man einem Uneingeweihten erzählt, ein vierzig und mehr Tonnen schwerer Block könne von einfacher Menschenhand in SANFT SCHAUKELNDE BEWEGUNG versetzt werden, so erntet man Unglauben und Verständnislosigkeit. Tatsächlich genügen einige kräftige Druckbewegungen - an der richtigen Stelle natürlich - und der Stein beginnt zu schwingen. Wackelsteine gibt es an mehreren Stellen des Waldviertels, so bei AMALIENDORF und in der BLOCKHEIDE.

Der Gemeinde HEINRICHS bei Weitra bleibt nun eine Besonderheit einmaliger Art vorbehalten, ein DOPPELWACKELSTEIN.

Natürlich liegt auch dieser am ERLEBNISWEG, der vom Gasthaus STANGEL in HEINRICHS bei Weitra seinen Ausgang nimmt. Knapp drei Kilometer muß man gehen, der Stein liegt in 752 Metern Höhe. Auf einem GRUNDBLOCK sozusagen, der natürlich unbeweglich bleibt, liegen nun ZWEI BLÖCKE, von denen jeder zu bewegen ist. Nun genügt zwar die menschliche Kraft, die tonnenschweren Granitgebilde in leichte Bewegung zu versetzen, doch wird sie nie ausreichen, die Blöcke umzukippen, sie gleichsam zum Absturz zu bringen. Beide Steine mögen ein Gewicht von etwa vierzig Tonnen haben.

Leider gibt es zu diesem Stein KEINE SAGE, die seine Herkunft zu erklären versucht.

Wackelsteine gibt es mehrere im Waldviertel, einen Doppelwackelstein vielleicht nur einmal in Europa, eben im Gebiet von Heinrichs bei Weitra. Unser Bild zeigt auch so stimmungsvoll, wie sich Himmel und Baumwipfel im Wasser der Schale des davorliegenden Schalensteines spiegeln.

Ein anderer Blick auf den Doppelwackelstein bei Heinrichs, der uns die Lage der Steine auf der jeweiligen Unterfläche veranschaulicht.

9. Der Fenasberg in der Gemeinde Waldenstein

Zur Gemeinde WALDENSTEIN gehört auch das Dorf GRÜNBACH. In dieser Katastralgemeinde liegt, vom rechten Ufer des ELEXENBACHES ansteigend, der sagenumwobene FENASBERG, auch *„Fennesberg“* oder *„Feinasberg“* genannt. Der Berg steigt steil vom Bachufer an und erreicht in etwa eine Seehöhe von 610 Metern. Im Anschluß an die Bergkuppe befindet sich der *„BURGLUß - ACKER“*, ein mit Steintrümmern belegter Graben bildet die Trennung.

Der Name der benachbarten Flur mag jenen Recht geben, welche den Fenasberg als STANDORT EINER BURG ansahen. Der SAGE nach soll wohl wegen des freventlichen Lebenswandels der Burgbewohner dieser Wehrbau einmal IM BERG VERSUNKEN sein. Tatsächlich zeigte man noch um 1900 eine schier unergründbare Vertiefung auf dem Bergesgipfel. Manch einer versuchte, den Grund dieses tiefen Loches auszuloten, keinem ist es aber gelungen.

Der überaus fleißige Heimatforscher JOSEF FUCHS aus dem nahen Ullrichs fand bereits 1937 auf dem *„Burgluß-Acker“* TONSCHERBEN, welche aus dem 14. Jahr-

Wohl niemand zweifelt, daß diese Steine von Menschenhand bearbeitet wurden. Geheimnisvolle Steine mit Reliefen scheinen aus dem Berg zu wachsen, die wahr scheinlich kultischen Zwecken gedient haben mögen.

Wieder einer der seltsamen Steinblöcke auf dem sagenumwobenen Fenasberg bei Grünbach in der Gemeinde Waldenstein. Wer kann wohl ihre Bedeutung endgültig klären?

hundert stammten. Diese werden in der Volksschule Waldenstein verwahrt, wo das um die Heimatpflege vielseitig verdienstvolle Lehrerehepaar HANS und GERTRUDE FITZINGER noch manch andere KERAMIKFUNDE aus dem Bergluß - Bereich hinzugefügt hat. Der Sprachforscher und Mundartdichter DR. FRANZ SCHMUTZ - HÖBARTHEN, er hat den Namen seines Geburtsortes GROSSHÖBARTHEN seinem Familiennamen als Zusatz hinzugefügt, hat in den Dreißigerjahren eine ganze Reihe von SAGEN ÜBER DEN FENASBERG veröffentlicht, wobei es ihm etwa auch gelungen ist, ein Gegenstück zur TANNHÄUSERSAGE - der dürre Stab beginnt zu grünen und zeigt so die Unschuld eines Menschen an- zu publizieren.

Die bekannteste Sage um den Fenasberg handelt von einem Schatz in ihm und soll gleich nacherzählt werden. Diese SAGE wurde auch bildlich, das heißt in RELIEFFORM, am BRUNNEN DER NEUEN VOLKSSCHULE, der sich auf dem Pausenplatz befindet, durch die Südtiroler Künstlerin MARTHA COUFAL festgehalten.

Die Sage weiß nun zu berichten, daß einmal eine Frau aus GROSSNEUSIEDL mit ihrem Kinde im Walde beim Fenasberg unterwegs war, um Brennholz zu sammeln, zu *„klauben"*, wie es in der Mundart heißt. Plötzlich erschien ein kleines Männlein, ganz einfach in Grau gekleidet, und versprach der überraschten Frau ungeheure Schätze. Sie müsse nur dem Männlein folgen, im Inneren des Berges werde sie gewaltiger Reichtümer ansichtig werden. So geschah es denn auch und die Frau füllte ihre Schürze und mitgebrachten Säcke nach den ermunternden Worten des Männleins mit Gold und Silber. Hierauf brachte die Frau ihre Reichtümer ins Freie und wollte nochmals in die Höhle gehen, um ihr Kind mitzunehmen. Aber zu ihrem großen Schrecken hatte sich der Berg geschlossen und die Frau hatte keine Möglichkeit mehr, zu ihrem Kind zu gelangen. Die Frau kehrte verstört und verzweifelt in ihr Dorf heim. Dort versuchte man sie damit zu trösten, daß genau in einem Jahr sich der Berg wohl wiederum öffnen werde. Sie solle dann alle Schätze zurücktragen und werde hierauf zu ihrem Kinde kommen. So geschah es denn auch. Nach Monaten des Hoffens und Bangens ging die Frau genau am Jahrestag wieder auf den Fenasberg. Tatsächlich hatte sich die Höhle wiederum geöffnet. Rasch eilte die Frau hinein, warf alle Schätze von sich und durfte wahrhaftig das Wunder erleben, daß sie ihr Kind unversehrt und guter Dinge vorfinden konnte. Die Frau nahm nun rasch das Kind an sich und eilte mit fliegenden Schritten aus der Höhle. Erst draußen wagte sie es, sich umzublicken. Das Tor hatte sich verschlossen, es gab keinen Zugang in den Berg mehr und seither soll er sich auch nie wieder geöffnet haben, so daß wohl noch bis heute seine unermeßlich großen Schätze unentdeckt und unversehrt in seinem Inneren ruhen.

Weitere wissenschaftliche Forschungsarbeit ist noch notwendig, um so manches Rätsel um den Fenasberg bei Grünbach zu lösen.

Mancherlei FUNDE BEHAUENER STEINE und auch ein nachweisbarer ERDWALL zeigen eindeutig, daß der Fenasberg BESIEDELT war. Im Graben, aber auch über den Hang verstreut, finden sich behauene Steinblöcke, auf denen sich noch Reliefs erahnen lassen. Zweifellos MENSCHENWERK und nicht das Spiel der Natur in ihren Verwitterungsformen. Haben wir es hier mit den Resten eines STEINKREISES zu tun?

Im Gegensatz zu den vielen Überlieferungen, welche eine Scheu vor diesem Berg einzuflößen suchten, standen immer wieder Versuche aus den Reihen der Bevölkerung, sein Geheimnis zu ergründen. Besonders einige VERTIEFUNGEN auf der Bergkuppe hatten es den Leuten angetan. Wie schon erwähnt, ausloten mittels Stangen ließen sich die Löcher nicht. Steine schlugen erst nach einer geraumen Weile dumpf auf. Manchmal konnte man auch ein Dröhnen wie von leeren Fässern hören, wenn Steine in den Berg fielen oder Stangen zum Ausloten polternd in der Tiefe umfielen. Ob der FENASBERG nun eine WEHRANLAGE war oder KULTISCHEN ZWECKEN diente, diese Fragen sind bis heute auch von der heimatkundlichen Forschung her unbeantwortet geblieben.

Haben wir hier vielleicht den verwachsenen Graben einer ehemaligen Wehranlage oder eines Kultbaues auf dem Fenasberg bei Grünbach vor uns? Gerade ungelöste Rätsel machen die Beschäftigung mit mystischen Stätten so reizvoll. Weitere wissenschaftliche Forschungsarbeit ist noch notwendig, um so manches Rätsel um den Fenasberg bei Grünbach zu klären.

10. Der Wackelstein bei Schmerbach

Eine überaus interessante GESTEINSSCHICHTUNG zeichnet den WACKELSTEIN von Schmerbach in der Marktgemeinde LANGSCHLAG aus. Vorerst einmal ragt ein Steinblock von links unten nach rechts oben auf, der sich nach oben hin verjüngt, also schmäler wird. Auf diesem schmalen Ende ruht nun das sozusagen dicke Ende

Eine überaus bemerkenswerte Gesteinsschichtung gibt dem Wackelstein bei Schmerbach das Gepräge, Verwitterung schafft wahre Wunderwerke.

Der Hackelberg-Obelisk bei Schmerbach ist gleichfalls eine natürlich entstandene Felsformation und keine künstlich geschaffene Steinsäule.

eines weiteren Steinblocks auf, der sich nach rückwärts - oder seitwärts, je nach dem Blickwinkel - verjüngt. Auf diesem liegt nun der kugelförmige „echte" WACKELSTEIN.

Wie von Riesenhänden scheint er auf seine Unterlagen hinaufgehoben zu sein. Man kann sich kaum vorstellen, daß die VERWITTERUNG solche Wunderwerke geschaffen hat.

Außerdem liegt der Wackelstein in einer wahrhaft steinreichen Umgebung und es hat den Anschein, als ob ihn die umgebenden Felsformationen beschützen möchten.

Wiederum gibt es in der Nähe einige auffallende Steingebilde. So erinnert der HACKELBERG-OBELISK an die adlige Familie derer von HACKELBERG-LANDAU, an die Besitzer der HERRSCHAFT GROSSPERTHOLZ. 1684 kamen die Freiherrn von HACKELBERG in den BESITZ VON LANGSCHLAG. 1705 erwarb diese Familie auch das HERRENHAUS selbst, das wiederum ERNST VON LANDAU errichten hat lassen. Es handelt sich natürlich auch wiederum um einen aufgerichteten, fast senkrecht stehenden GRANITFELSEN, dessen Form zum Vergleich mit einem Obelisken anregt, und nicht um ein tatsächliches Kunstwerk aus Menschenhand. Der KAMELSTEIN zeichnet sich dadurch aus, daß er ein mit rötlich schimmernden Granitbuckeln übersäter Granitblock ist. In unmittelbarer Nähe gibt es dann wiederum eine Reihe von Steinschalen.

Schalensteine dürfen im Bereich von Schmerbach nicht fehlen. Besonders bemerkenswert ist eine auf zwei Stufen verteilte Doppelschale in einem Stein unweit des Kamelsteines.

Dank seiner seltsamen Formen, aber auch der Gesteinszusammensetzung verdient der Kamelstein bei Schmerbach besondere Beachtung.

11. Das Schalenwunder bei Heinrichs

War HEINRICHS BEI WEITRA bislang als Standort von geheimnisvoll umwitterten Steinen nicht so sehr bekannt, so hat man in den letzten Jahren durch die SCHAFFUNG DES ERLEBNISWEGES, für den 1992 auch eine recht informative Broschüre herausgebracht wurde, richtungsweisende Pionierarbeit zur Erschließung der Naturschönheiten, historischen Denkmäler und eben auch mystischen Stätten dieses Raumes geleistet.

Eine Station auf diesem ERLEBNISWEG, über fünfeinhalb Kilometer von seinem Ausgangspunkt, dem Gasthaus STANGEL in HEINRICHS entfernt, ist in 817 Metern Seehöhe ein mit mehreren Schalen bedeckter Granitblock, den man berechtigt als *„SCHALENWUNDER"* bezeichnen kann.

Das Besondere an diesem Stein ist nun, daß sich *„OPFERSCHALEN"* nicht allein auf seiner Oberfläche, sondern auch, sehr schön kreisrund ausgewittert, auf seiner SEITENFLÄCHE befinden. Nach dem Sprichwort *„steter Tropfen höhlt den Stein"* kann man sich wohl vorstellen, daß AUFFALLENDES WASSER, also praktisch Regen oder schmelzender Schnee, der ja auch *„oben"* liegt, allmählich eine STEINSCHALE AUSZUWASCHEN vermag, die sich auf der OBERSEITE eines STEINES befindet. Aber von den Seitenwänden rinnt ja das Wasser automatisch ab, hier kann es weit weni-

Schalen auf der Längsfläche eines Steines, das ist wohl Anlaß genug, von einem „Schalenwunder" zu sprechen. Dieser Stein befindet sich am Erlebniswanderweg in Heinrichs bei Weitra.

Auch sonst findet man allerlei Schalen auf diesem Granitblock, so daß es sicher völlig berechtigt ist, von einem „Schalenwunder" zu sprechen.

ger einwirken, die Verwitterung beeinflussen. Sicher können manche Kanten dadurch im Laufe unzähliger Jahre abgerundet werden. Die Bildung einer Schale auf diese Weise ist aber wohl komplett unmöglich.

Es gäbe schon eine natürliche Erklärung dafür: Dieser Stein ist einmal durch Gesteinsverschiebung gekippt worden, das heißt, die heutige Seitenwand war einmal oben gelegen und durch die Verwitterung entstanden die Schalen. Dann kam es zur Gesteinsverschiebung, die ehemalige Oberfläche wurde nun, samt den darin enthaltenen Schalen, Seitenfläche und auf der neuen Oberfläche bildeten sich neuerdings Schalen.

Gerade so ein Stein wie das *„Schalenwunder"* bei Heinrichs scheint nun die Annahmen, Vorstellungen und Ideen derjenigen, welche für eine *künstliche Entstehung* der Schalensteine, eben auch als *„Opfersteine"*, eintreten, recht augenfällig zu bestätigen. Denn eine künstliche Entstehung der Schalen in den Seitenwänden ist wahrscheinlicher, als eine derart massive Erdverschiebung.

Auf jeden Fall ist das *„Schalenwunder"* wieder ein Beispiel dafür, daß auch in unserem aufgeklärten Jahrhundert noch lange nicht alle Rätsel gelöst werden konnten.

In den Schalen der Schalensteine hält sich das Wasser und ihm wird besondere Heilkraft zugeschrieben. So mag das auch beim *„Schalenwunder"* von Heinrichs der Fall sein. Auf jeden Fall wird dem wegmüden Wanderer empfohlen, ein wenig Wasser aus der Schale zu schöpfen und seine Füsse damit zu befeuchten. Das verleiht neue Kraft zum Weiterwandern, um noch mehr Schönheiten und geheimnisvolle Plätze des Waldviertels kennenzulernen.

Sozusagen auf Schritt und Tritt stößt man im Gebiet von Heinrichs bei Weitra auf interessante Felsgebilde. Unzählige Schalen geben diesem in Mitteleuropa einmaligen Steinblock das Gepräge. Mit über 20 Schalen ist dieser Restling ein absolutes Naturwunder.

Auch eine imposante Sitzschale darf bei den Steinen entlang des Erlebnisweges bei Heinrichs nicht fehlen.

Bei Heinrichs gibt es Sitzschalen, die eine beeindruckende Tiefe erreichen, wie dieses Bild deutlich zeigt.

Wieder einmal zwei einander benachbarte Schalen in einem Stein, in welchen sich auch das Wasser hält. Gleichfalls eine Sehenswürdigkeit vom Erlebnisweg bei Heinrichs.

12. Die Steinerne Stiege bei Zwettl

Schon vor mehr als einhundert Jahren war man in der Kuenringerstadt ZWETTL bestrebt, den langsam beginnenden FREMDENVERKEHR, damals fuhr man noch in die *„SOMMERFRISCHE"*, zu begünstigen. So erfahren wir, daß schon 1881 im Gemeinderat die *„Herstellung eines Gehweges"* beschlossen wurde, also durch einen WANDERWEG sollte das ZWETTLTAL erschlossen werden. Bald wurde ein zweiter Weg angelegt, der nach dem damaligen Bezirkshauptmann seinen Namen erhielt und *„Sauer Steig"* benannt wurde.

Auch aus der Vorstadt SYRNAU führten Wege durch den BLEICHGRABEN und den VIEHGRABEN bergan auf die Höhe des WEISSEN BERGES und zur Straße nach Ottenschlag, wie schon in einem TOURISTENFÜHRER aus 1884 zu lesen ist.

Kaum eine Publikation erwähnt aber eine rätselhafte Stätte, die es lohnt, sie zu besichtigen. Gemeint ist die STEINERNE STIEGE, welche man vom KOBLHOF ausgehend, dabei vom Weg zum NEUHOF rechts in den Wald abzweigend, oder über die Anhöhe am WEISSEN BERG erreicht. Wir haben es hier vermutlich mit dem letzten Rest einer Ortschaft zu tun, welche den Namen SCHWARZAU gehabt hat. Vielleicht war es die WASSERARMUT, welche später die Bewohner zur AUFGABE dieser SIEDLUNG gezwungen haben mag. Im vorigen Jahrhundert soll man im Bereich der *„STEINERNEN STIEGE"* noch Mauerwerk von einer vormaligen Siedlung gesehen haben.

In unerklärlich DIREKTER BAUWEISE hat man den STEILABHANG zum Wasserlauf des SYRNINGBACHES durch die sehr STEILE STIEGE begehbar gemacht. Damit wird ein Höhenunterschied von zwanzig Metern überwunden.

Die Steinerne Stiege führt direkt zum Syrningbach, wird aber sicher nicht aus rein praktischen Erwägungen angelegt worden sein.

Es wäre doch leichter gewesen, einen WEG IN WINDUNGEN anzulegen, um so zum Wasser zu gelangen. Wieso hat man die Felsblöcke so aneinandergereiht und auch teilweise behauen, daß sie eine Stiege bilden? Das Ziel war auf jeden Fall, rasch zum Syrningbach zu gelangen. Zweifellos hat man die Gegebenheiten des Geländes geschickt ausgenützt und zwischen den NATÜRLICHEN FELSSTUFEN solche aus BRUCHSTEIN eingesetzt.

Wurde diese Stiege tatsächlich angelegt, um Wasser für den alltäglichen Gebrauch in die Ortschaft Schwarzau zu bringen? Das mutet seltsam an, war es doch sicher mühevoll, über diese Stiege größere Mengen Wasser zu transportieren.

Oder hat man absichtlich die Mühen auf sich genommen und führte die Stiege zu einem heute nicht mehr nachweisbaren KULTPLATZ? Es ist ja auch im christlichen Bereich üblich, sich Mühen und Lasten aufzubürden und *„HEILIGE STIEGEN“*, oft mit einem Kreuz beladen, aufwärts zu gehen. Vielleicht mußte man zuerst im Bach ein KULTISCHES BAD nehmen, um sich auch von den SÜNDEN zu reinigen, und mußte dann noch die Mühen des STIEGENSTEIGENS auf sich nehmen, um geläutert beim OPFERALTAR anzulangen, um in der kultischen Gemeinschaft einem höheren Wesen zu opfern.

Während das Rätsel sind, haben wir im Zusammenhang mit SCHWARZAU eine NAMENKUNDLICHE BESONDERHEIT vorzustellen und gebührend anzumerken. Wir haben nämlich damit ein fehlendes Glied für den Beweis einer DOPPELNAMENGEBUNG im RAUME ZWETTL, die sich in ZWEI SPRACHKREISEN nachweisen läßt. Von der ZWETTL haben STADT und STIFT ihre Namen erhalten, die ZWETTL ist der *„LICHTE FLUSS“* ein slawischer Name. Nun gibt es den SYRNINGBACH, nach dem der Vorort SYRNAU benannt ist. Das ist nun die Siedlung am *„SCHWARZEN BACH“*, bzw. der DUNKLES WASSER FÜHRENDE BACH selbst.

Dieses GEGENSATZPAAR läßt sich nun nicht allein im SLAWISCHEN SPRACHBEREICH, eben durch die NAMEN ZWETTL und SYRNAU, sondern auch in der JÜNGEREN DEUTSCHEN SPRACHE nachweisen, also DEUTSCHE SIEDLER haben die älteren vorhandenen SLAWISCHEN NAMEN ÜBERNOMMEN und auch in ihrer BEDEUTUNG verstanden. Während es zum *„HELLEN“* GEWÄSSERNAMEN eine Reihe von DEUTSCHEN ENTSPRECHUNGEN gibt, vom Dorfnamen Weißenbach bei GROSSWEISSENBACH und KLEINWEISSENBACH in der Gemeinde Großgöttfritz bis zu LICHTENAU und LICHTENFELS, so gibt es für die ÜBERNAHME des Namens SYRNAU ins DEUTSCHE eben bislang nur die eine Entsprechung, den Namen der verschollenen Ansiedlung SCHWARZAU. Übrigens findet sich noch ein NAMENPAAR, der KELTISCHE FLUSSNAME KAMP, der soviel wie der GEKRÜMMTE, sich windende Fluß BEDEUTET, fand seine DEUTSCHE ÜBERSETZUNG im Namen *„KRUMMER FLUSS“*, was wiederum im ORTSNAMEN von KRUMAU am Kamp fortlebt.

Diese WANDERWEGE im ZWETTLTAL bieten noch manch andere HISTORISCH BEDEUTSAME PLÄTZE. So erfahren wir, daß es eine HAARSTUBE gegeben hat, das war der Ort, wo man *„das Haar“*, das ist der volkstümliche Name für den FLACHS, getrocknet hat. Wegen Feuersgefahr wurden diese Haarstuben außerhalb der Orte gebaut. Aus dieser Haarstube, die natürlich ein ganz einfaches Häuschen war, wurde dann bezeichnenderweise das ARMENHAUS. An anderer Stelle erinnert ein GEDENK-

STEIN an den Bezirkshauptmann ALEXANDER SAUER-SCAKY VON NORDENDORF, der 1882, laut eines datierten Monogramms auf dem Stein, einen Weg anlegen hat lassen. 1885 brachte man an einem weiteren Felsen eine MARMORPLATTE an, deren Inschrift besagt daß der *„allverehrte"* Gemeindearzt DR. HANS LANGER sich um die Verschönerung dieses Platzes angenommen hatte.

Nun noch einiges zu anderen DENKWÜRDIGKEITEN und GEHEIMNISVOLLEN STÄTTEN. Auch von TEUFLISCHEM WIRKEN soll sich in nächster Umgebung von Zwettl eine Spur erhalten haben. Im SCHLEIFGRABEN lebte eine Frau, die sich nach außen hin besonders fromm und tugendhaft gab. In Wirklichkeit war sie aber abgrundtief böse und schimpfte und lästerte, wann immer es ging. Eines Tages war dies sogar dem Teufel zuviel und er holte die Frau zu sich in die Hölle. Dabei war der Teufel zu Pferd unterwegs, der HUFABDRUCK DES TEUFELSROSSES zeigt sich heute noch auf einem Felsen.

BÖSE GEISTER trieben auf dem GALGENBERG bei ZWETTL einstmals ihr Unwesen. Besonders in der CHRISTNACHT versammelten sich diese unter dem Galgen. Einmal war ein Mann in der Christnacht sehr spät unterwegs und sah tatsächlich die Geister unter dem Galgen ihr Unwesen treiben. Furcht und Bangigkeit überfielen den Mann, eilends rannte er seinem Hause zu. Es gelang ihm gerade noch, unter der DACHTRAUFE seines Hauses Schutz zu finden. Nachdem er sich etwas beruhigt hatte, merkte er, daß er einen Holzschuh verloren hatte. Der Mann ging den Weg zurück und fand tatsächlich den Holzschuh unweit des Galgens, nur war er in viele kleine Trümmer zerbrochen. Nun erschauderte der Mann, denn er fühlte richtig, daß auch ihn die Geister in kleine Stücke zerrissen hätten, wären sie seiner habhaft geworden.

Von einem KÜHNEN SPRUNG und WUNDERBARER ERRETTUNG kündete einst ein MARTERL an der Straße nach STIFT ZWETTL. Ein Ritter mit seinem Roß konnte sich vor seinen Verfolgern nur durch einen kühnen Sprung über eine Felswand retten und errichtete aus Dankbarkeit für die Rettung in höchster Not und im letzten Augenblick dieses Wegkreuz.

Unweit von GSCHWENDT befindet sich der KUENRINGERSTEIN. Hier sollte ursprünglich STIFT ZWETTL errichtet werden. Die Mönche gruben dort den GRUNDSTEIN ein und wollten bald mit dem Bau des Stiftes beginnen. Wie verwundert waren sie aber, als dieser GRUNDSTEIN am nächsten Tage VERSCHWUNDEN war. Er blieb einige Zeit verschollen, bis man ihn an EINER ANDEREN STELLE, ebendort wo jetzt Stift Zwettl ist, endlich wiederfand. Neuerdings wurde er bei Gschwendt eingegraben, wiederum fand er sich auf dem anderen Platze. Das wiederholte sich noch einige Male. Schließlich baute man Stift Zwettl am NEUEN PLATZ und setzte zum Andenken an den zuerst gewünschten Bauplatz den Kuenringerstein bei Gschwendt, der heute noch zu sehen ist.

Schließlich sei noch die GRASELHÖHLE erwähnt, auch ein Platz, wo der berüchtigte Räuberhauptmann sicher niemals für längere Zeit geblieben ist. In ZWETTL hat er tatsächlich ein grausiges Verbrechen begangen, indem er in der Nacht vom 18. zum 19. Mai 1814 die ANNA MARIA SCHINDLER in der Bürgergasse 3 auf bestialische Weise ERMORDETE.

Beim Teufelsfelsen im Schleifgraben in Zwettl erkennt man deutlich den Abdruck der Teufelskralle sowie des Hufeisens des Teufelsrosses.

13. Der Opferstein bei Thail

Fährt man von der Stadt GROSS GERUNGS in Richtung OBERKIRCHEN, so findet man bei der Ortschaft THAIL einen besonders auffälligen SCHALENSTEIN, dessen Schale überdurchschnittlich große Dimensionen hat. Oberhalb der Schale ragt der Granit wulstartig vor, wie wenn er einen besonderen Rand für die Schale bilden wollte.

Der Granitblock ist etwa drei Meter hoch und steht frei in der Natur, von einer kleinen Baumgruppe umgeben. Die ovale Wanne hat ganz beachtliche Ausmaße von etwa 170 mal 130 Zentimetern. Tief ist die Wanne etwa vierzig Zentimeter.

Aufgrund der sehr SCHÖNEN AUSFORMUNG dieser Wanne glaubt man an deren KÜNSTLICHE HERSTELLUNG und denkt weniger an ein NATURGEBILDE.

Am linken oberen Ende der Wanne befindet sich eine AUSFLUSSRINNE. Hält man diesen Stein für einen OPFERSTEIN, so ist es unschwer, diese Rinne als BLUTRINNE deuten zu wollen.

In dieser Hinsicht führt KARL LUKAN einige ernstzunehmende BEDENKEN an. Vorerst verweist er darauf, daß BLUTOPFER nicht als BLUTBÄDER zu verstehen seien, man hätte schon eine ganze Reihe größerer Tiere hinschlachten müssen, um so viel

Mit einer überaus eindrucksvollen Schale von beachtenswerten Dimensionen wartet der Opferstein bei Thail auf.

Der Opferstein bei Thail beeindruckt durch seine Dimensionen und seine eindrucksvolle Formgebung.

Blut zu erhalten, daß dieses aus der Rinne ausfließen konnte. Und schließlich merkt Lukan noch an, daß es recht schwierig gewesen sein müßte, die Tiere hinauf zur Opferschale zu transportieren.

Auffallend ist, daß sich KEINERLEI SAGE mit dem Stein in Verbindung bringen läßt. Dabei ist zu bedenken, daß sich in diesem Gebiet häufig Schalensteine finden lassen und man hat eben nicht für jeden eine Erklärung sagenhafter Art parat gehabt. Mancherlei ist sicherlich auch in Vergessenheit geraten. Auch wenn alte Überlieferungen fehlen, kann man sich an der Schöheit dieses Schalensteines sicherlich besonders erfreuen.

Zu erwähnen ist wohl noch, daß es auch bei MARHARTS in der Gemeinde GROSS GERUNGS einen SCHALENSTEIN gibt, der den Namen *„STEINERNER GUGELHUPF“* erhalten hat. Auch auf diesem befindet sich eine STEINSCHALE, zu welcher man Stufen hin in den Fels eingemeißelt hat. Der TEUFEL soll diesen Stein aufgestellt haben, weil er wollte, daß man ihm hier OPFER darbringe. Einer anderen Sage nach soll sich der Teufel einmal einen GUGELHUPF gebacken haben und weil er ihn allein nicht aufessen konnte, aber auch in seiner Bosheit keinem Menschen ein Stück davon vergönnt hat, hat er ihn ganz einfach in STEIN VERWANDELT. Unweit dieses recht mächtigen STEINGEBILDES gibt es weitere SCHALENSTEINE, zu denen auch wiederum sagenhafte Überlieferungen fehlen.

Ein anderer Blick auf den Opferstein bei Thail, der zeigt, daß gleich benachbart auch wieder ein stattliches Felsgebilde zu sehen ist.

14. Ein Opferstein bei Rappottenstein

Alois Plesser, der überaus eifrige und verdienstvolle Erforscher der Heimatgeschichte, wurde in Grünbach bei Rappottenstein geboren. Natürlich hat er sich in seiner engeren Heimat zuerst forschend umgesehen und eine frühe Studie den vielen Schalensteinen, Plesser zählt Dutzende von ihnen, seiner näheren Heimat gewidmet.

Sicher kannte er auch jenen großen Schalenstein, von welchem man einen herrlichen Blick auf die Burg Rappottenstein genießen kann. Er ist mit einigen anderen massiven Granitblöcken verbunden und liegt sehr stimmungsvoll in der Waldviertler Landschaft, eine Birke zaubert ein wenig Grün in das Grau des Granit.

Es wird wohl der „*Einsiedelstein*" sein, den Kiessling in seiner Sagensammlung anführt, wobei er gleichfalls die Lage gegenüber der alten Burg erwähnt. In der kleinen Höhle unterhalb des Steins soll einmal ein Einsiedler gehaust haben. Er löschte seinen Durst mit dem Wasser, das sich das ganze Jahr über in der Schale des Steines hält. Aber böswillige Hirten oder Jäger waren damit nicht einverstanden und wollten den Einsiedler vertreiben. Deswegen brachen sie ein Stück

Eine stimmungsvolle Felsgruppe wird durch einen Schalenstein gekrönt und von hier bietet sich überdies ein sehr schöner Blick auf die Burg Rappottenstein.

Die besonders schön ausgebildete Schale des Opfersteines.

vom Rand des *„Wandls"* ab, sodaß nun das Wasser ausfloß und der Einsiedler nichts mehr zum Trinken hatte.

Eine andere SAGE weiß zu berichten, daß hier am *„HOFSTÄTTENACKERL"* einstmals ein HOF bestanden habe. Dessen Einwohner sollen die große SCHALE im Stein als KOCHKESSEL benutzt haben. Oder ist damit ein anderer Schalenstein gemeint, denn deren gibt es ja im Gebiet einige.

Natürlich hat dieser Stein sozusagen die ERRICHTUNG von BURG RAPPOTTENSTEIN, der stolzen Bergfeste der KUENRINGER, nach einem RAPOTO aus diesem Geschlechte benannt, miterlebt. Mancherlei SAGEN ranken sich auch um diese Burg, man weiß von FEINDLICHEN BRÜDERN zu erzählen oder aber von einem GEHEIMNISVOLLEN GANG, welcher die Burgen RAPOTTENSTEIN und ARBESBACH verbunden haben soll und der auch zu prächtigen verborgenen SCHÄTZEN führt.

In der BURG soll es ein GEMACH geben, in welchem es GEISTERT. ZWEI BRÜDER aus dem Geschlechte der KUENRINGER müssen ihren STREIT ÜBER DEN TOD HINAUS austragen und können im Grabe die ewige Ruhe nicht finden. Der eine Bruder hatte nämlich den anderen heimlich im Schlafe ermorden wollen. Der andere war aber auf so einen Anschlag vorbereitet, ein blutiger Streit hub an, der mit dem Tod beider Brüder endete. In gewissen NÄCHTEN müssen die Brüder noch Jahrhunderte später diesen KAMPF GEISTERHAFT FORTSETZEN. Einem Ritter gelang es später, den Spuk zu bannen, doch mußte dieser Entsetzliches miterlebt haben, wovon er allerdings gar nichts verlauten ließ.

Übrigens soll auch auf der Anhöhe im Ortsgebiet von GRÜNBACH einstmals ein SCHLOSS gestanden sein. Wohl wegen des freventlichen Lebenswandels seiner Einwohner ist es in den Erdboden VERSUNKEN. Unter seinem ehemaligen Standort soll ein großer SCHATZ verborgen sein. Sieben Ortseinwohner begannen einmal nach diesen Schätzen zu graben. Aber weil sie aus dem Erdinneren zuerst Hühner gackern hörten und dann seltsame Stimmen vernahmen, bekamen sie es mit der Angst zu tun und setzten ihr Vorhaben nicht mehr fort.

In den Wäldern des Waldviertels gibt es mancherlei Überraschungen, wie hier bei Rappottenstein. Im Waldesdunkel verborgen liegt noch so manche „unentdeckte" Felsformation, welche sicher auch oft als mystische Stätte bezeichnet werden kann.

15. Der Arbesberg bei Arbesbach

Der Arbesberg bei Arbesbach bietet eine derartige Fülle von seltsam geformten Felsblöcken, daß man nicht weiß, was man zuerst ansehen soll.

Immer wieder bildet der GRANIT ganz seltsam zerklüftete BERGGIPFEL, wie dies beim NEBELSTEIN und MANDLSTEIN im Grenzgebiet des Gmünder Bezirkes der Fall ist, aber auch, in kleinerem Ausmaße, bei der Felskanzel des GUTTENBERGES bei GRAFENSCHLAG und eben auch beim ARBESBERG.

Vor etwa 120 Jahren wurden folgende recht blumenreiche Sätze geschrieben: *„Der Charakter des oberen Kampgebietes ist ein überaus lebhafter Wellenschlag des Bodens, das Vorwalten von zahllosen höhenunbedeutenden Kuppen, die zuweilen von einer mächtigen Granitpyramide gekrönt sind, - der ununterbrochene Wechsel von Wäldern, Wiesen, Ackerland und von, an mancher Stelle noch unbe-*

Gewaltige Felsentürme erwecken den Anschein, als hätten Riesenhände hier eine Festung errichtet.

schränkt residirendem, massenhaft aufgelagertem Granitgesteine - Ruinen einer längst entschwundenen Zeit von Bergesherrlichkeit." Eine Beschreibung, der im Hinblick auf den Arbesberg eigentlich nur wenig hinzuzufügen ist.

Den Arbesberg prägen auch heute noch, wie vor vielen Jahrtausenden, seine gewaltigen Granitblöcke. Aber schon im ausgehenden vorigen Jahrhundert wußte man noch eine Besonderheit anzumerken: „*Auch an Höhlen fehlt es nicht, welche das Interesse des Natur- und Geschichtsfreundes in hohem Grade zu fesseln geeignet sind, wie z. B. die Gewölbhöhle am 'Arbesberg'* „ An anderer Stelle liest man über sie, daß sie „*einem Trupp Menschen ganz gut als Unterstand dienen kann und als solcher nach dem Niedergang des 3. Bauernaufruhrs so manchem der Rädelsführer, darunter auch dem Aufwiegler des Mühlviertels diente.*" Damit ist ein oberösterreichischer Bauernführer namens Klaus(n)er gemeint, der bei den Erhebungen des Jahres 1632 hier seine Zuflucht gesucht haben soll. Immerhin ist die Höhle 56 Meter lang, also hätte nicht nur eine Person hier Unterschlupf gefunden.

Eine andere Sage überliefert, daß sich zur Zeit des Schwedenkrieges hier ein Anführer der schwedischen Truppen verborgen gehalten haben soll. Auch der Türkenstein an der Straße nach Pretrobruck soll an einer Stelle stehen, wo einst ein Schwede begraben wurde.

Zwei Überlieferungen verknüpfen sich mit geschichtlichen Ereignissen. So soll die Kirche von Arbesbach lange Zeit keine Glocken gehabt haben. Endlich konnte man welche anschaffen und hängte sie voll Stolz und Freude über den nach geraumer Zeit erlangten Besitz gleich im Kirchturm auf, ohne die Glocken weihen zu lassen. Dies sollte jedoch böse Auswirkungen haben, denn bei jedem Läuten zogen die nicht geweihten Glocken Unwetter und Hagelschlag förmlich an. Erst als man die Weihe der Glocken nachgeholt hatte, haben Unwetter und Hagelschlag nachgelassen.

Die zweite Sage knüpft sich an den noch erhaltenen Galgen von Arbesbach, sichtbares Zeichen der Hochgerichtsbarkeit über Leben und Tod. Hier soll es nächtens nicht geheuer sein, die Wilde Jagd treibt ihr Unwesen. Dabei sollen Menschen, die an einem Sonntag in der Adventzeit geboren worden sind, im nächtlichen Zuge all jene wiedererkennen, die jemals hier aufgehängt worden sind.

Im Arbesbacher Gebiet hat es ehedem auch eine kleine Heilquelle gegeben. So wird um 1875 berichtet, daß eine Quelle stark eisenhältig ist und daher vielen Erkrankten im Orte „*trefflich genützt*" hat.

Ein landschaftlich herrlicher Fleck ist auch die Höllschlucht, „*von einer grausig wilden granitnen Trümmerwelt angefüllt*". Hier hat sich der Kamp gar mühsam seinen Weg durch das Gestein graben müssen. Vier Granitblöcke hat wohl nur ein frommer Geistlicher des vorigen Jahrhunderts als Irren, Busse, Hölle und Himmel bezeichnet: „*In dieser Schlucht predigen vier Granitblöcke den Touristen den verlorenen Sohn, der von seinen 'Irrungen' zurückkehrend durch die 'Busse' geläutert, der 'Hölle' entflieht, und so dem 'Himmel' erhalten bleibt.*" Zwischen dem Blocke namens "*Irren*" und dem Block namens „*Himmel*" nimmt der Kamp seinen Lauf. Jener Autor stellt es aber bereits dem Leser bzw. Besucher der Höllschlucht frei, die Felsgebilde anders zu interpretieren.

Jener DEUTUNGSVERSUCH ist aber nicht ohne ALLGEMEINES INTERESSE. Vorerst können wir damit wieder einmal einen Namengeber für Steingebilde ziemlich eindeutig herausstellen, was ja eine ganz besondere Seltenheit ist. Pfarrer HEINRICH STAMMGASSNER, der Verfasser der ersten gedruckten Ortsbeschreibung von Arbesbach, die 1877 erschienen ist, wird wohl auch als der NAMENGEBER für die in seiner Broschüre angeführten vier Felsen anzusehen sein. Anderseits sehen wir, wie aus IDEOLOGISCHEN ÜBERLEGUNGEN heraus - und RELIGION ist in diesem Sinne als IDEOLOGIE zu betrachten - auch in jüngerer Vergangenheit noch SAGEN in die Welt gesetzt werden und augenfällige Denkmale, diesmal eben der Natur, zur VERANSCHAULICHUNG VON GLAUBENSINHALTEN dienen. Das ist uns ja schon oft begegnet, beim KOLOMANISTEIN bei EISGARN nachweisbar vor mehr als siebenhundert Jahren und bei manchen Sagen von der WUNDERSAMEN ENTRÜCKUNG EINES GNADENBILDES lassen sich Belege aus mehreren Jahrhunderten (UNSERFRAU AM SANDE, ST. MAREIN IM POIGREICH, KLAUSENHOFKAPELLE BEI IDOLSBERG, LANGSCHWARZA BEI SCHREMS) anführen. Hier im konkreten Fall von ARBESBACH hat ein offensichtlich bemühter Geistlicher in bester Absicht EWIGE STEINERNE ZEUGEN FÜR GLAUBENSINHALTE gesucht und in den Felsen der Höllschlucht gefunden. Wieder einmal ein faszinierender Beleg für die Verifikation, also das Erbringen des WAHRHEITSBEWEISES, im Sinne von geistiger Herkunft und ideologischen Absichten, von SAGEN und sagenhaften Vorstellungen.

Ein breit hingelagerter Stein neben der Straße zwischen Arbesbach und Pretrobruck. Sieht er nicht wie ein Bett mit Polster und Tuchent aus? Auf jeden Fall wird die Phantasie durch seine Formen angeregt.

Aber auch bei der RUINE ARBESBACH gibt es gewaltige STEINBLÖCKE. *„Auf der Nordseite ist auch jener ungeheure Steinblock, der sich wie ein altheidnischer Opferstein darstellt."*

Kommen wir schließlich noch kurz auf jene Überlieferungen von UNTERIRDISCHEN GÄNGEN zu sprechen, welche von der BURG ARBESBACH ihren Ausgang nehmen sollen. Von der MAGD des Kürschners Ochs wird berichtet, daß sie einmal, es war gerade die KARWOCHE und in der Kirche wurde die PASSION GELESEN, in den unterirdischen Gang geriet, zu einer Höhle gelangte und dort lauter Fässer vorfand, die mit Gold, Silber, Schmuck und edlen Steinen gefüllt waren. Die Magd wollte nun ihre Herrenleute holen, damit man möglichst viel aus der Höhle fortschaffen könnte. Aber inzwischen hatte der Priester die Passion fertiggelesen und als die Magd mit der Familie Ochs zu der Höhle gehen wollte, fand sie die Eingangspforte nicht mehr. Wohl hat es so mancher in einer Karwoche während des Lesens der Passion versucht, die Schätze zu heben, gelungen ist es aber keinem.

Einmal kamen zwei HANDWERKSBURSCHEN zur Ruine Arbesbach und erblickten plötzlich ein kleines altes MÄNNLEIN mit einem langen weißen Bart. Dieses lud die beiden Burschen ein, ihm zu folgen. Nur einer hatte den Mut dazu und nun führte das Männlein ihn zu unermeßlich großen SCHÄTZEN in einer HÖHLE am Ende eines geheimnisvollen Ganges. Der Handwerksbursche wollte Gold an sich nehmen, doch das Männlein untersagte ihm dies und reichte dem Burschen vielmehr ein

Zu Füßen des „Stockzahnes des Waldviertels", der noch immer eindrucksvollen Ruine, breitet sich der malerische Marktort Arbesbach aus.

Was blickt den Wanderer da auf einmal für ein seltsamer Tierkopf fast schmelmisch an? Wieder eine seltsame Steinformation auf dem Arbesberg, zu welcher die Sage erst geschrieben werden muß.

viereckiges Metallstück, das das Männlein blank poliert hatte, so daß man vermeinte, ein Goldstück in Händen zu halten. Das Männlein erzählte nun, man werde bald zum LEICHANM EINES SOLDATEN kommen, der auch zu den Schätzen gewollt hatte, hier aber elend umgekommen sei. Da ergriff den Handwerksburschen Angst und Grausen und er wollte zurück zu seinem Kameraden. Traurig führte der Zwerg den jungen Mann zum Eingang der Höhle zurück. Das METALLSTÜCK, das eben noch so geglänzt hatte, wurde draußen im Freien zu einem wertlosen Stück KOHLE. Der EINGANG zur Höhle war NICHT MEHR ZU FINDEN. Wahrscheinlich war der ZWERG ein UNERLÖSTER GEIST, dem man mit mehr Mut die Grabesruhe hätte verschaffen können.

Eine andere SAGE weiß von einem ZWERG zu berichten, der einen HIRTEN zu einem KELLER voll HERRLICHER WEINE unter den Trümmern der BURG ARBESBACH

Will dieser Baum nicht direkt auf den Felsblock „hinaufklettern"? Eng schmiegen sich Wurzeln und Stamm an den Stein an. Wird der Baum einmal gefällt, so sieht man sicher die Spuren, die der Granitblock durch ihn erhalten hat. Ein Motiv vom Arbesberg.

Auf dem Arbesberg soll man sich nicht nur an den bizarren und eindrucksvollen Felsformationen erfreuen. Es lohnt sich auch einmal, den Blick zu genießen, der sich auf die wunderschöne Landschaft des Waldviertels von hier aus ergibt.

geführt hatte. Immer wieder ging der Hirt in den unterirdischen Weinkeller und labte sich an den edlen Tropfen. Einmal aber war er geschwätzig und verriet einem Kameraden das Geheimnis der köstlichen Weine. Fortan konnte er den Eingang zu dem Keller nicht mehr finden. Wir haben es hier mit einer Variante der SCHATZSAGE zu tun. An die Stelle von Gold und Silber treten hier alte Weine, aber immer noch hat das GEBOT DER SCHWEIGSAMKEIT seine unbedingte Gültigkeit.

Der Freiheitsstein bei Ratschenhof ist durch seine Stellung und die eingemeißelten Zeichen überaus bedeutungsvoll.

16. Der Freiheitsstein bei Ratschenhof

Es ist das Verdienst des Heimatforschers JOSEF THALER, den FREIHEITSSTEIN wiederentdeckt zu haben. Er befindet sich am Anfang eines Waldes und man erreicht ihn von RATSCHENHOF aus, dem einstigen Meierhof des Stiftes Zwettl, wenn man in südlicher Richtung einem asphaltierten Hohlweg folgt. Bei einer Weggabelung kommt man zu einem Wegkreuz aus Eisen. Nun muß man noch etwa einhundert Meter weiter gehen und aufmerksam schauen, denn der Freiheitsstein ist nur ein etwa einen halben Meter hoher GRENZSTEIN. Davon hat er auch seinen NAMEN, er steht dort, wo die *„Freiheiten"* im Sinne von Feldstücken, Gründen eines Ortes, zusammenstoßen. Konkret an der Grenze der Katastralgemeinden Rudmanns und Ratschenhof wurde er aufgerichtet. Und zwar sozusagen als „UNVERRÜCKBARER GRENZSTEIN", denn er wurde nicht beliebig gesetzt, sondern, wie aus den Inschriften hervorgeht, nach den HIMMELSRICHTUNGEN und dem SONNENSTAND ausgerichtet.

Bemerkenswert ist sicher, daß einerseits der Freiheitsstein und anderseits der KUENRINGERSTEIN in der Nähe von GSCHWENDT nicht aus heimischem Granit verfertigt wurden, sondern beide aus KALKSTEIN bestehen.

JOSEF THALER hat die Bedeutung der ZEICHEN auf diesem Stein präzise nachweisen können, was im WALDVIERTLER HEIMATBUCH genauer nachzulesen ist.

THALER spricht auch die Meinung aus, der FREIHEITSSTEIN liege an einem alten, bedeutungsvollen FERNWEG, vielleicht war es sogar der *„BEHAIMSTEIG"*.

Die Stätte ist auch von allerlei Sagen umrankt, welche allerdings mit dem Freiheitsstein an sich nichts zu tun haben. So weiß man von einer hohen MAUER zu erzählen, die ihre Errichtung den KUENRINGERN verdankt. Es wird auch erzählt, daß an dieser Stelle während des *„SCHWEDENKRIEGES"*, also um 1645, SOLDATEN BEGRABEN wurden.

17. Der Adlerstein bei Pretrobruck

Nicht immer stimmen die NAMEN in der LITERATUR mit jenen, die im VOLKE geläufig sind, überein. Das trifft auch für den ADLERSTEIN (Vogelstein) im Gemeindegebiet von ARBESBACH zu. Er befindet sich am Westausgang der Ortschaft PRETROBRUCK, links über der Straße nach Arbesbach, unweit eines kleinen Gehöftes.

Der Heimatforscher und vor allem überaus namhafte Landschafts - und Kulturfotograf JOSEF FRANK hat diesem Stein seinen Namen, eben ADLERSTEIN, gegeben: *„Wie ein brütender Adler hockt der Stein auf dem Ödlandsboden, den Kopf mit Aug' und Schnabel geradeaus gerichtet, die Flügel vom Rumpf etwas abgespreizt. Ehrfürchtig steht man vor diesem großartigen Werk der Natur."*

Im Volk gibt es für diesen Stein auch andere Bezeichnungen. Aber wir bleiben natürlich bei diesem von JOSEF FRANK geprägten Namen.

Wir haben hier den Glücksfall, daß der NAMENGEBER auf seine Erfindung hingewiesen hat und wir daher wissen, wann dieser Name entstanden ist. So war es wohl

Er sieht tasächlich wie ein riesiger Vogel aus, der Adler- oder Vogelstein bei Pretrobruck.

Sieht man den Vogelstein von der anderen Seite, so kann man einerseits ein „Auge" ausnehmen, aber auch „Flügel" erahnen.

bei allen Namengebungen. Einmal hatte jemand die Idee, einen Stein Wiegenstein oder Wachtstein oder „*Kas im Lab*“ oder Wasserstein, usw. zu nennen. Und irgend jemand hat auch zuerst eine SAGE erzählt. Das wurde dann von der Bevölkerung angenommen, das heißt, der NAME wurde weiter VERBREITET, an die nächste Generation WEITERGEGEBEN und auch die SAGEN wurden weiter ERZÄHLT, ÜBERLIEFERT. Den URHEBER, den NAMENGEBER bzw. ersten ERZÄHLER kennen wir nicht mehr, werden wir auch nie mehr ergründen können, er ist vergessen, ANONYM geblieben. So ist es erfreulich, daß wir hier festhalten können, daß die Namengebung „*ADLERSTEIN*“ mit einem berühmten Kulturschaffenden unserer Heimat verbunden ist, der eben nicht allein mit der Kamera, sondern auch mit der Feder ein Poet war.

Ein geschichtlich denkwürdiges Mahnmal ist der „*TÜRKENSTEIN*“ an der Straße von ARBESBACH nach PRETROBRUCK. In ihn wurde die Jahreszahl 1683 eingemeißelt, das ist bekanntlich das Jahr der Zweiten Türkenbelagerung Wiens. Der SAGE nach sollen hier TÜRKEN begraben sein. Die Türken sind zwar nie bis Arbesbach gekommen, aber um sich vor ihnen zu schützen, soll man auch hier SCHANZEN angelegt haben. Und eben jener Stein erinnert an die glückliche Abwendung der Türkengefahr.

Ein interessantes Steingebilde ist auch der Froschstein bei Pretrobruck.

18. Der Totenkopfstein bei Ysper

Pfarrer HANS WICK war ungemein aufgeschlossen für *„HEIDNISCHE"* ÜBERLIEFERUNGEN und Gebräuche und fand im Bereich seiner seelsorgerischen Wirkungsstätte, im Yspertal, genau in ALTENMARKT, wo er auch den PALMESELUMZUG einführte, eine Fülle von STEINERNEN ZEUGNISSEN, welche seine Überlegungen veranschaulichten und bestätigten, bzw. auch Ausgangspunkt für diese Überlegungen waren. Viel von seinen Forschungsergebnissen lebt weiter in den Begleitveröffent-

Totenkopf und Drachenstein im Bereich von Ysper stimmen nachdenklich und erinnern an mancherlei mystische Erlebnisse der besonderen Art.

Der Blick aus größerer Entfernung zeigt, daß Totenkopf und Drachenstein sozusagen erst der Gipfel einer monumentalen Felsformation von gewaltigen Dimensionen sind.

lichungen zu WANDERWEGEN, welche in vorbildlicher Weise diese stummen und doch so ausdrucksvollen Zeugen der Vergangenheit erschließen und für jedermann zugänglich machen.

Unter dem Motto *„Wer fürchtet sich vorm düsteren Fels?“* wird der etwa zweieinhalb Stunden lange HERZSTEINRUNDWEG auch für WANDERN MIT KINDERN (ab fünf Jahren) empfohlen. Ist dieser Weg doch so richtig geeignet, Kinder in die Sagen- und Vorstellungswelt der Granitgebilde einzuführen. Wobei man natürlich manche Abstriche von den mehr oder weniger wissenschaftlichen Erklärungsversuchen machen muß, aber was bleibt, das ist immer noch sehr interessant und vielseitig. Ausgangs- und Zielpunkt dieses Rundwanderweges ist der Ort YSPER, teilweise benutzt man dabei auch den WALDLEHRPFAD. Der Ausgangspunkt liegt in etwa 500 Meter Seehöhe, beim TOTENKOPF erreicht man schon 780 Meter Seehöhe.

Diese FELSENGRUPPE wurde von Pfarrer WICK als *„LEBEN UND TOD“* bezeichnet. Sie befindet sich am WEISSENBERG. Vorher kommt man noch am STEINERNEN KORNMANDL vorbei, das an anderer Stelle beschrieben wird. *„LEBEN UND TOD“* ist tatsächlich eine aus ZWEI HAUPTFELSEN bestehende Felsgruppe. Einer gleicht nun wahrhaftig einem riesigen TOTENKOPF. Interessant ist, daß dieser Totenkopf genau nach NORDEN schaut und dort, so Pfarrer WICK, lagen ja nach dem Glauben der GERMANEN einerseits das TOTENREICH und anderseits die GÖTTERBURG.

Haben MENSCHEN dem Verwitterungsvorgang der Natur hier NACHGEHOLFEN, und wenn ja, dann mit welchen Absichten, Zielen? Auf jeden Fall handelt es sich hier um eine besonders eindrucksvolle, richtig faszinierende Felsgruppe. Darum hat man auch einen viereckigen SITZ auf der Kuppe eingeschnitten, der auf jeden Fall MENSCHENWERK ist.

Auf einer FELSPLATTE darunter ist deutlich eine SCHALE erkennbar, die jedenfalls auch durch menschliches Werken verändert wurde. An einer Seite wurde dort nämlich ein WINKEL eingehauen. Pfarrer WICK als Experte für Schalensteine vermutet in diesem V-förmigen Winkel ein FRAUENSYMBOL. Das war auch ein Grund zur NAMENGEBUNG, einerseits das FRAUENSYMBOL als Zeichen für das LEBEN, andererseits der finster dröhnende TOTENKOPF als Zeichen des TODES - *„Die düstere Felsgruppe des 'Totenkopfs' gehört wohl zu den unheimlichsten Felsgebilden im Waldviertel."* Wer den Stein genauer erkunden will, für den hat man eine Holzstiege errichtet, wodurch die Gipfelkuppe leichter ersteigbar wird.

Unweit des Totenkopfsteines erhebt sich dieser machtvolle Felsblock und beeindruckt den Wanderer.

Neben den großen, bekannt gewordenen Felsgebilden gibt es sozusagen „nebenbei“ im Yspertal gleichfalls eine Fülle unbekannter, aber dennoch bemerkenswerter Felsen. Dieser Stein mitten im Wald sieht einer kleinen Pyramide ähnlich.

Es ist schon ein zauberhafter Flecken Heimaterde, dieses Yspertal, das nicht nur durch seine Felsformationen, sondern auch durch die lieblich hingebreitete Landschaf begeistert.

19. Der Steinerne Torbogen bei Neustift

ERSTMALS wird in diesem Buch eine wahrhaft WISSENSCHAFTLICHE SENSATION vorgestellt, ein GRANITTOR AUS EINEM STÜCK, das bislang von der heimatkundlichen Literatur überhaupt nicht beachtet wurde und zu dem es auch keine volkstümlichen Überlieferungen gibt.

Er war auch sehr schwer zu finden, dieser STEINERNE TORBOGEN, liegt er doch tief drinnen im Wald, sozusagen im Zentrum eines Dreiecks zwischen den Ortschaften RAPPOTTENSTEIN, FEURANZ und LEMBACH.

Es ist eine MÄCHTIGE STEINFORMATION. Zu beiden Seiten des Torbogens ragen gewaltige Steinblöcke auf, gleichsam eine *„hohle Gasse"* bildend. Der BOGENARTIGE VERBINDUNGSSTEIN, und das macht die ganze Sache so rätselhaft und geheimnisvoll, ist FUGENLOS mit seinen beiden Seitenwänden VERBUNDEN, es gibt keine *„Nahtstellen"*, es scheint so, daß SEITENBLÖCKE UND TORBOGEN AUS EINEM STÜCK bestehen. Es gibt keine Risse, Einkerbungen, Spalten. Ein durchgehendes Stück Granit, eine ganze Gesteinsgestaltung, die wundersam anmutet, weil man sich ihre Entstehung nicht vorstellen kann.

Ist es tatsächlich möglich, daß rein durch natürliche Einwirkung, also durch die Kräfte der Natur, so eine Form entstehen kann?

Wahrhaftig als Sensation kann das bislang unbekannte Felsentor bei Neustift angesprochen werden, ein natürlich gewachsener Torbogen zwischen zwei riesigen Steinformationen.

Ein Bick aus größerer Entfernung zeigt, in welche gewaltigen Felsformationen dieser Torbogen eingebettet ist.

Wenn auch das WALDVIERTEL in der EISZEIT NIE VERGLETSCHERT war, kalt ist es auf jeden Fall gewesen. Damals kam es durch den BODENFROST zur GESTEINSSPRENGUNG, was wiederum zum Entstehen von *„BLOCKMEEREN"* führte, wobei die VERWITTERUNG die scharfen Kanten der Blöcke allmählich abgerundet hat, was eben zur uns bekannten FORMENVIELFALT geführt hat.

Können auf diese Weise auch TORE entstanden sein? Es gibt ja deren mehrere, z. B. Felsformationen, wo man durckkriechen kann, so das GRAFENHÄUSL bei SCHREMS, die STEINERNE STUBE bei GROSSSCHÖNAU, das FELSENTOR am MANDLSTEIN. Anderseits führten diese FROSTAKTIVITÄTEN auch zu andersartiger Zerklüftung des Granits und damit zur Entstehung von HÖHLEN. Einzelne BLÖCKE sind weiters aus den Felsburgen LOSGEBROCHEN, weil sie dem ständigen WECHSEL ZWISCHEN FRIEREN UND TAUEN nicht standgehalten haben. Auch das hat zur FORMENVIELFALT im Granit beigetragen.

Die neuesten Forschungen, etwa von KARL HEINRICH HUBER im Band *„Erdgeschichte des Waldviertels"*, erst 1996 publiziert, sehen nun in den FELSENTOREN auch RELIKTE AUS DER EISZEIT, dergestalt, daß es sich um eine WEITERENTWICKLUNG KLUFTGEBUNDENER HÖHLEN handelt. Also auch sie sollen durch FROSTEINWIRKUNG in der EISZEIT entstanden sein. Man spricht dabei von DURCH KLUFTKÖRPER ÜBERDACHTE SPALTEN. Irgendwie kann man sich das vorstellen. Zuerst bildete sich einmal eine HÖHLE und im Laufe der vielen Jahrtausende wurde einerseits das die Höhle ÜBERLAGERNDE STEINMATERIAL weitgehend fortgeschwemmt, abgetragen, abgeschliffen, kurzum, es ist der VERWITTERUNG anheimgefallen. Die Verwitterung

Detailaufnahmen zeigen, wie der Torbogen übergangslos von einer Felswand zur anderen hinübergewachsen ist, und es keinerlei Fugen im Stein gibt.

hat aber auch vor dem UNTERGRUND nicht Halt gemacht und der HÖHLENBODEN ist immer tiefer AUSGEWASCHEN worden, das heißt, aus der Höhle wurde ein HOHLER WEG ZWISCHEN FELSEN. Das gibt es ja öfters und vielleicht war auch an anderen Stellen darüber ein Torbogen. Aber wahrscheinlich war der nicht so widerstandsfähig und irgendeinmal ist er abgerutscht. Heute erinnert vielleicht nur mehr ein kleiner Steinblock in der *„hohlen Gasse"* an ihn. In besonderen Glücksfällen waren eben die WIDERSTANDSFÄHIGEREN, HÄRTEREN GESTEINSSCHICHTEN so angeordnet, daß sie bis heute in der FORM DES TORES erhalten bleiben konnten.

Eine Erklärung, die etwas für sich hat und durchaus glaubwürdig erscheint. Aber es ist doch nicht auszuschließen, daß der MENSCH ein wenig nachgeholfen hat, vielleicht insofern, als er den Weg zwischen den Steinen vertiefte, und an der Formgebung des Torbogens mitgewirkt hat.

Ob die Natur oder frühe Menschen uns bis heute letztlich unlösbare Rätsel aufgegeben haben, das ist eigentlich nicht so wichtig. Lassen wir uns vom Zauber dieser Stätte gefangennehmen und die Phantasie spielen, die uns eventuell den Zug demütiger Einwohner zeigt, die durch diesen Torbogen ihrem Heiligtum beim Opferstein entgegengingen.

In diesem Sinne ist es wohl nicht ganz abwegig, an eine GEOMANTISCHE VERNETZUNG besonderer Naturheiligtümer zu denken, wobei an die *„BURGLEITN"* bei KIRCHBACH und die *„GLETSCHERMÜHLE"*, eine gewaltige Gesteinsformation, als andere STÜTZPUNKTE in diesem Netz gedacht sei.

20. Der Guttenberg bei Grafenschlag

Der GUTTENBERG liegt in der Katastralgemeinde WIELANDS. Vom Marktort GRAFENSCHLAG fährt man in Richtung Traunstein, biegt nach KLEINNONDORF ab, durchfährt diesen Ort und biegt dann nach etwa einem Kilometer links ab. Dann erhebt sich eindrucksvoll der 855 Meter hohe Guttenberg, der zu Fuß von der Straße in zehn Minuten bequem, zu *„ersteigen"* ist.

Immer wieder wird die hervorragende FERNSICHT vom Guttenberg, dessen Westhang mit Wäldern bedeckt ist, besonders hervorgehoben. Von hier sieht man über das GESAMTE WALDVIERTEL, bei reiner Luft reicht der Blick bis ÖTSCHER, SCHNEEBERG und RAX.

Wichtiger für die MYSTISCHE BEDEUTUNG dieser Stätte ist aber der Waldviertler Granit, der WEINSBERGER GRANIT, der sich hier zu seltsamen Formen auftürmt, die im Volksglauben zur TEUFELSKIRCHE werden. Sehr eindrucksvoll ist auch ein geschichteter massiver Granitblock knapp unterhalb des Gipfels, der wie eine Klause anmutet.

Wichtig sind weiters die SCHALENFÖRMIGEN VERTIEFUNGEN in den Granitblöcken, die im Bereich des Guttenberges mehrfach zu finden sind und als Abdruck der TEUFELSFINGER und TEUFELSHUFE gedeutet und benannt werden.

Das WASSER in ihnen dient nun nicht, wie etwa im benachbarten SCHÖNBACH, der Gottesmutter und dem Jesuknaben oder anderen Heiligen zu ihrer Labung, vielmehr verwenden es die HEXEN, um ihre TRÄNKE UND SUPPEN ZU KOCHEN.

Allein der NAME ist schon bedeutungsvoll. Vor 1160 erfahren wir vom *„GUTENPERCH"* und ziemlich genau ein Jahrhundert später, 1255, ist vom *„castrum"*, von der BURG, die Rede, die auch noch einmal für eine SAGE wichtig sein wird. Übrigens, wenn man zum Guttenberg hinaufgeht, merkt man an der unterschiedlichen Vegetation, daß man den ehemaligen Burggraben übersetzt hat.

Wir haben es hier von der NAMENBEDEUTUNG her tatsächlich mit einem *„guten Berg"* zu tun. Gut im Sinne von ertragreich, fruchtbar, das allerdings gibt für die Namendeutung nur wenig her. Vielleicht hat sich hier tatsächlich einmal ein VORCHRISTLICHES HEILIGTUM befunden und die KATHOLISCHE HOCHKIRCHE hat hier eine WUNSCHVORSTELLUNG verankert, der Berg möge in ihrem Sinne ein *„guter Berg"* werden. Das muß aber, wie den oben angeführten urkundlichen Belegen zu entnehmen ist, schon vor MEHR ALS 800 JAHREN erfolgt sein. In MYSTISCHER HINSICHT hat der GUTTENBERG sozusagen das GANZE JAHR SAISON.

Beginnen wir mit der NACHT ZUM DREIKÖNIGSTAG. Eine PERCHTENARTIGE SPINNFRAU begegnete einer MAGD in der Nacht und sagte zu ihr: *"Sei froh, daß ich dich nicht bei einem Flachsfeld angetroffen habe und daß Du Hahnenflecken gegessen hast."* Die SPINNFRAU achtete also auf die EINHALTUNG DER ARBEITSRUHE und schaute auch darauf, daß die DIENSTBOTEN ordentlich zu essen bekommen. HAHNENFLECKEN sind fettreiche, wohlschmeckende MEHLSPEISEN, ein BRAUCHTÜMLICHES GEBÄCK zum DREIKÖNIGSTAG.

Das Musterbeispiel für eine UNRUHNACHT ist die WALPURGISNACHT zum 1. MAI hin und da haben sich auch der SAGE nach jene Ereignisse zugetragen, welche den

GUTTENBERG WEITHIN BEKANNT gemacht haben und die immer wieder nacherzählt und publiziert werden.

Ein HIRT war nächtens unterwegs und bemerkte plötzlich beim Guttenberg einen FEUERSCHEIN. Er wurde neugierig und näherte sich vorsichtig der Stelle. Da sah er einen seltsamen „PRIESTER“, es muß wohl der TEUFEL gewesen sein, eine Messe feiern. Die HEXEN waren es, welche dieser Messe beiwohnten. Freilich waren sie nicht als Frauen erkennbar, vielmehr waren sie zu TIERGESTALTEN geworden oder mit FELLEN seltsam VERKLEIDET.

Die Messe ging zu Ende und ein SCHMAUSEN und fröhliches GELAGE hub an, wobei die HEXEN in den SCHALEN IM GRANIT ihre Speisen und Tränke KOCHTEN, die gar seltsam dufteten. Bald drehten sich auch die Hexen im TANZ um ihren Meister.

Nun, so vorsichtig der HIRT auch war - er mag hinter dem Felsen am Bergesgipfel gestanden sein - einmal wurde er doch ENTDECKT. Nun fürchtete er sich sehr,

In diesen Schalen haben der Überlieferung nach die Hexen bei ihren Zusammenkünften ihre Suppen und Zaubertränke gekocht.

Zu den bemerkenswertesten mystischen Stätten des Waldviertels zählt zweifellos der Guttenberg in der Gemeinde Grafenschlag mit einer Vielzahl von sagenhaften Überlieferungen.

daß man ihm ein Leid antun werde. Aber im Gegenteil, auch er wurde BEWIRTET und konnte Köstlichkeiten genießen, die er nie vorher vorgesetzt bekommen hatte. Bei sich dachte nun der Hirte, daß niemand ihm Glauben schenken werde, und so STECKTE er von den SPEISEN einige Stücke IN SEINE TASCHE EIN.

Der Hirt beteiligte sich auch am TANZ und wurde schließlich auf einem HEXENBESEN nach Hause gebracht.

Am nächsten Morgen finden wir auch hier das weit verbreitete Motiv: *„WEHE DEM, DER AUS NEUGIERDE ODER AUCH UNSCHULDIG IN ÜBERIRDISCHE KREISE EINSICHT BEKOMMT, IHM ERGEHT ES SCHLECHT“*.

Das geringere Übel war noch, daß all die KÖSTLICHKEITEN zu UNRAT, zu Mist geworden waren. Aber der HIRTE erkrankte auch recht bald und ist auf SELTSAME WEISE VERSTORBEN.

Der nächste sagenumwobene Brauchtermin ist der SONNWENDTAG. Hier muß man VOR SONNENAUFGANG UND SONNENUNTERGANG MELKEN, sonst *„MELCHT DIE HEX“*, eine Glaubensvorstellung, die überhaupt in Grafenschlag und seinen Nachbargemeinden noch in Erinnerung ist. Zusätzlich erhält das Vieh eine *„MAULGABE“*, HAFERHALME, die gleichfalls VOR SONNENAUFGANG ABGESCHNITTEN werden müssen, als Futter.

Kommen wir schließlich noch auf jene Sage, die ähnlich von einem GUTENBERG in VORARLBERG überliefert wird, zu sprechen, welche auf die BURG bzw. deren

Reste Bezug nimmt. Einem VAGABUNDEN, einem bettelnden Landstreicher also, begegnete einmal eine FRAUENGESTALT, die ihn bat, in den DRITTEN BURGHOF einen ROSENKRANZ zu werfen, dadurch könne er sie erlösen. Der VAGABUND versprach dies zu tun, die FURCHT übermannte ihn aber, er hatte Angst, von Teilen der Ruine, die bedrohlich herabhingen, erschlagen zu werden und so kehrte er noch vor Erreichung des dritten Hofes um. Wehklagend verschwand die Frauengestalt und sagte noch, erst der ERSTE PRIESTER aus Kloster SCHÖNBACH, wenn dieses wiedererstehen würde, könnte sie ERLÖSEN.

Durch diesen Hinweis läßt sich nun die SAGE ZEITLICH EINGRENZEN. SCHÖNBACH war tasächlich von 1698 bis 1828 KLOSTER, und zwar der HIERONYMITANER. Es ist anzunehmen, daß zur Zeit der JOSEPHINISCHEN KLOSTERAUFHEBUNGEN, also um 1780, dieses SAGENMOTIV mit den ÜBERRESTEN des *„CASTRUM“* auf dem GUTTENBERG VERBUNDEN wurde.

Gerade die letzte Sage ist ein schönes Beispiel dafür, wie die HEIMATFORSCHUNG SAGEN HINTERFRAGEN und untersuchen kann. Besonders das WECHSELSPIEL zwischen VOLKSTÜMLICHEN ÜBERLIEFERUNGEN und LOKALHISTORISCHER FORSCHUNG ist ungemein reizvoll und interessant. So lassen sich manch MYSTISCHE und *„urtümliche“* VORSTELLUNGEN durchaus ERKLÄREN und HISTORISCH EINORDNEN.

Interesse verdienen auch diese stufenartigen Auswitterungen auf dem Guttenberg. Oder haben sich hier die Hexen wirklich Stufen gebaut, um ihren Tanzplatz leichter zu erreichen?

21. Stehende Schale bei Ysper

Der KULTURWANDERWEG Nr.3 im YSPERTAL führt *„Durch die Ysperklamm zum Druidentreffpunkt am Kaltenberg"*. An ihm befindet sich eine Fülle sehenswerter STEINGEBILDE, darunter auch ein SCHALENSTEIN MIT EINER SCHALE AN DER SEITENWAND, ähnlich dem *„SCHALENWUNDER"* bei HEINRICHS bei Weitra.

Ausgangspunkt dieses Kulturwanderweges, den man ja auch als *„KULTWANDERWEG"* bezeichnen könnte, führt er doch einerseits am HERRGOTTSSITZ und anderseits an OPFERSTEINEN vorbei, ist der Parkplatz des Gasthofes *„Peilsteinblick"* der Familie KRENN in STANGLES. Hier gibt es gleich den ersten SCHALENSTEIN, man mag ihn als MÜHLE FÜR DAS HAUS verwendet haben. Er hat jetzt einen anderen Standplatz, ursprünglich befand er sich bei einer Wasserstelle.

Nun wendet man sich in Richtung YSPERKLAMM. Schon nach wenigen Metern sieht man vor dem Bauernhof WIM am Waldesrand neuerdings einige SCHALENSTEINE. Wie gesagt, es sind auch hier so viele, wie etwa im Gebiet von RAPPOTTENSTEIN und SCHÖNBACH, so daß nicht jeder seine eigene Sage haben kann. Dieser Stein ist übrigens ein DOPPELTER SCHALENSTEIN. Er schaut in Richtung NORDEN. Am LINKEN SCHALENSTEIN befindet sich etwa in der Mitte eine Schale mit 50 bis 70 Zentimetern Durchmesser und 15 Zentimetern Tiefe. Am RECHTEN SCHALENSTEIN befindet sich eine nach WESTEN gerichtete SITZSCHALE, die etwa 70 bis 75 Zentimeter Durchmesser und eine Tiefe von 20 Zentimetern hat. In etwa dieselben Ausmaße hat auch eine gegen die AUFGEHENDE SONNE gerichtete zweite SITZSCHALE.

Einer der seltenen Steinblöcke, der durch Kippung in seine derzeitige Lage gebracht wurde, so daß sich nun die Schale auf einer Seitenfläche befindet.

Auf der Straße zur YSPERKLAMM, genau rechts von der Ysperklamm, sieht man schon von weitem ein SENKRECHTES FELSENBAND. Am Ende des FORSTWEGES KROBREITH begegnet dem Wanderer neuerlich ein etwa zwei Meter hoher, AUFRAGENDER STEIN MIT DURCHSCHLUPF. Wahrscheinlich sollte das DURCHSCHLÜPFEN HEILBRINGEND bei allerlei Beschwerden sein, vor allem wohl bei KREUZWEH, wie dies auch von anderen Steingebilden, z. B. dem WACKELSTEIN bei AMALIENDORF, überliefert ist. Dort, bei diesem SCHLIEFSTEIN am JAKSCHBERG, sieht man auch eine SCHALE mit etwa 50 Zentimetern Durchmesser. Noch um die JAHRHUNDERTWENDE soll einer Überlieferung nach hier FLEISCH GEOPFERT worden sein.

Nun durchwandert man die YSPERKLAMM, ein Naturdenkmal von besonderer Schönheit und auch hohem Bekanntheitsgrad. Auch hier gibt es natürlich SAGEN. So wußte man von einer Riesenschlange zu erzählen, die einstmals in der Klamm hauste und erst durch einen wagemutigen WILDERER überwältigt und getötet werden konnte.

Man durchwandert die YSPERKLAMM und wendet sich in Richtung GUTENBRUNN. Im Wald zweigt dann der Weg zum DRUIDENTREFFPUNKT ab.

Man kann aber auch vorher noch zur *„SAURÜSSELMAUER“* wandern. Dabei handelt es sich um ein FELSGEBILDE, ähnlich mächtig und eindrucksvoll wie jenes am Kaltenberg, das sich zu einer HÖHLE öffnet. Diese Höhle bietet sogar soviel Platz, daß man ein Pferd einstellen könnte.

Man durchsteigt die YSPERKLAMM, geht dann links weiter auf einem Weg, der zum *„HOFERMARTERL“* führt. Es ist das einzige Wegkreuz in der Gegend, so daß man sich nicht vergehen kann. Dort trifft man auf das RISSBACHL. Dieses ver-

Ein Kuriosum besonderer Art ist wohl das „Steinversteck“. Im Bild oben in verschlossenem Zustand und auf dem Bild auf der nächsten Seite sieht man, daß sich der “Deckel“ zur Felsschale öffnen läßt.

schwindet in der Nähe der *„Saurüsselmauer"* und nimmt dann unterirdisch seinen Weg weiter, bis es in die Ysperklamm mündet. Und ist man bei eben diesem Rissbachl angelangt, so erblickt man schon auf der nächsten Anhöhe das machtvolle Felsgebilde.

Die Höhle mag früher einmal als Behausung gedient haben. Interessant ist, daß derartig markante Punkte, wie Kaltenberg und *„Saurüsselmauer"*, auch für die Grenzziehung der Herrschaften, etwa jener von Gutenbrunn, als Fixpunkte Bedeutung hatten. Daran erinnern auch noch die Reste kleiner Grenzgräben.

Zwei sagenhafte Vorstellungen seien angeführt. An jener Stelle, wo das Rissbachl bei der *„Saurüsselmauer"* im Boden verschwindet, soll niemals ein Vogel singen. Weiters weiß man vom Rissweibel zu erzählen, das vor Jahrhunderten hier gelebt haben soll. Es war eine gefürchtete, bösartige Hexe, der man sogar nachsagte, daß sie kleine Kinder fresse. Auf jeden Fall soll das berüchtigte Weiblein Kinder, die ihm begegneten, oder sich im Walde verliefen, grob mißhandelt haben.

Nun wenden wir uns aber wieder der Stehenden Schale zu, welche sich unweit des Druidentreffpunkts am Kaltenberg befindet. Hier ist der Hof Offenthaler und die stehende Schale befindet sich am direkten Weg nach Dorfstetten. Zwei Schalen sind zu besichtigen, eine runde und eine viereckige. Man fragt also wiederum, ist es natürliche Bildung oder hat hier ein Mensch seinen Phantasien freien Lauf gelassen und eine Opferschale angefertigt.

Seitens der Gesteinsforscher weiß man auch dafür eine nicht unmögliche Erklärung, die hiemit zur Diskussion gestellt werden soll: *„Die... Hohlformen ... der Seitenwand stellen heute inaktive Felsschüssel-Bildungen dar, die einst auf einer ursprünglich waagrechten Deckfläche in Ausbildung begriffen waren. Die gute Erhaltung der Felsschüsselformen spricht dafür, daß der Block sehr rasch und erst vor erdgeschichtlich äußerst kurzer Zeit - vor einigen Jahrzehnten bis wenigen Jahrtausenden - verkippt ist."*

22. Steinschichtung beim Totenkopf bei Ysper

Südwestlich des riesigen TOTENKOPFSTEINES auf dem HERZSTEINRUNDWEG gelangt man auch zu einer gewaltigen STEINSCHICHTUNG. Diese FELSENBURG ist sieben Meter hoch und neun Meter breit. Die Steine *„wachsen"* nicht senkrecht aus der Erde heraus, sondern sind ein wenig NACH LINKS GEKIPPT. Jeder der beiden großen Steinblöcke ist IN KREUZFORM GESPRUNGEN, wobei die schöne geometrische GLEICHMÄßIGKEIT der Sprünge auffällt, sowohl die Kreuzstämme wie auch die Kreuzbalken sind in etwa parallel zueinander, aber auch parallel zu den Außenkanten der Steinblöcke gerichtet, was ein SYMMETRISCHES AUSSEHEN verleiht.

Nicht nur Steinblöcke gibt es in diesem Gebiet, geht man zum HERZSTEIN, der noch zu besprechen sein wird, weiter, so gelangt man auch zur WALDKAPELLE, mit der es eine besondere Bewandtnis hat, wie eine alte Sage zu berichten weiß, bei der freilich auch ein Granitblock eine wesentliche Rolle spielt.

Ein RITTER wurde einst hart von seinen Feinden verfolgt. Diese waren in der Überzahl und Gegenwehr hätte nicht Tapferkeit, sondern Selbstmord bedeutet.

Eine überaus bemerkenswerte Gesteinsschichtung bietet einen zusätzlichen Anziehungspunkt im steinreichen Yspertal.

Auch so eine Steinplatte sieht man im Yspertal, die weniger wegen ihrer Form, sondern vielmehr wegen der eingemeißelten Zeichen bemerkenswert ist. Hier handelt es sich wahrscheinlich um einen uralten Kalenderstein. Die Kreise und Verbindungen können aber auch eine Sternenkonstellation darstellen.

Plötzlich versperrte ein riesiger Felsblock dem Ritter den Weg. Unmöglich erschien es, an ihm vorbeizukommen. Und immer näher kamen auf ihren raschen Pferden die Verfolger.

Da ergriff der Ritter sein Schwert, stieß damit gegen den Felsen, empfahl sich und sein Leben dem Schutze der Gottesmutter Maria und bat diese, ihm einen Ausweg zu zeigen. Da öffnete sich der große Felsen auf wundersame Weise. Der Spalt war gerade so breit, daß der Ritter durchschlüpfen konnte. Da waren auch die Verfolger bei dem Felsen angelangt. Einer von ihnen schickte sich gerade an, durch den Spalt zu schlüpfen, als er zu seinem Schrecken bemerken mußte, daß dieser auf einmal schmäler wurde. Rasch zog er sich zurück und die Verfolger mußten mitansehen, wie sich der Spalt in dem Felsen vor ihren Augen wieder langsam schloß. Der Ritter war gerettet. Aus Dankbarkeit ließ er die Waldkapelle erbauen, welche heute noch besteht und zur frommen Einkehr einlädt.

Wieder einmal begegnet dem Wanderer ein „Fabeltier“ aus Stein. Eine genaue Einordnung bleibt der Phantasie überlassen, aber deutlich kann man Körper und Kopf unterscheiden. Also wieder ein anregendes Motiv, eine neue Sage zu erfinden.

Die schalenförmige Vertiefung in diesem Stein im Yspertal rührt wohl eindeutig von Menschenhand her.

23. Der Herzstein bei Ysper

Dem Herzsteinweg folgend, der von der Ortschaft Ysper, genau vom südlichen Ortsende und der Straße nach St. Oswald, ausgeht, gelangt man schließlich auch zu jenem Steingebilde, welches dem Weg seinen Namen gegeben hat, zum Herzstein.

Der Herzstein liegt in der Flur Losenegg. An der Straße von St. Oswald nach Dorfstetten liegt das Hinterberg-Gehöft. Von diesem führt ein Weg bergan, dem der Wanderer zu folgen hat. Nach etwa zehn Minuten Gehzeit erreicht man den auf einem Bergrücken gelegenen Herzstein.

Es gibt Steingebilde, bei denen die Deutung klar auf der Hand liegt. Das ist auch beim Herzstein im Yspertal der Fall, wohl jeder erkennt ein mit der Spitze nach oben gerichtetes Herz.

Man kann ihn nicht übersehen und der Name trifft wahrhaftig zu. Freilich schaut der Stein wie ein umgekehrtes Herz aus, das man, mit der Spitze nach oben, auf eine Unterlage gestellt hat. Immerhin hat dieses Herz eine Höhe von fünf Metern.

Wo der Herzstein auf dem Granitsockel ruht, hat man den Spalt künstlich erweitert, so daß nun ein Mensch durchkriechen kann. Auch hier haben wir es wiederum mit einem Kultbrauch zu tun, mit dem Durchkriechen durch diese Enge soll man symbolisch alle körperlichen Leiden von sich abstreifen können. Die *„Bucklwehluckn"* in St. Thomas am Blasenstein im benachbarten südlichen Mühlviertel ist wohl der bekannteste Durchkriechstein von Österreich.

Allgemein vermerkt dazu Karl Lukan sehr treffend: *„Der Brauch des Durchkriechens oder des Durchgehens besonderer Engstellen ist uralt; alles Üble wie Krankheiten oder auch Sünden sollten damit abgestreift werden. Im sogenannten Opfergang, bei dem die Gläubigen durch die Engstelle zwischen Altarrückseite und Kirchenwand gehen, lebt der alte rituelle Reinigungsbrauch auch noch in christlichen Kirchen weiter."* Darum haben ja manche Barockaltäre an beiden Seiten *„Umgangstüren"* hinzugefügt, was immer wieder auch in Kirchen des Waldviertels zu sehen ist. Sie dienten eben dazu, daß der Altar von den Gläubigen umgangen werden konnte, wobei dazu noch die Symbolik des Umgehens in Kreisform hinzukommt.

Einige Gedanken noch dazu, daß das Herz beim Herzstein im Yspertal eigentlich verkehrt steht, wie dies bei einigen alten Kultstätten auch der Fall ist. Vielleicht ist gar kein Herz gemeint, sondern haben wir es mit einem Kultstein weiblicher Art, der Mutterbrust und Mutterschoss vereint, zu tun. Pfarrer Hans Wick konnte auch auf etliche kleine Herzsteine verweisen, die man bei Grabungen im Umfeld des *„großen"* Herzsteines gefunden hatte. Die Bedeutung freilich dieser kleinen Steine in Herzform ist gleichfalls unbekannt. Also wieder einmal ein Rätsel, an denen die mystischen Stätten unseres Waldviertels ja recht reich sind. Viel hat man schon getan, um die mystischen Stätten unserer Heimat zugänglich zu machen, aber es gibt noch so manche unentdeckte Rätsel, so daß der aufmerksame Wanderer ungetrübte Entdeckerfreuden miterleben kann.

Sicher kein imposantes Steingebilde ist das steinerne Kornmandel bei Ysper, aber die Sage macht es dennoch zu einer bemerkenswerten mystischen Stätte.

24. Das Steinerne Kornmandl bei Ysper

Von YSPER ausgehend sind wir wieder auf dem HERZSTEINRUNDWEG unterwegs und kommen im Bereich von ST. OSWALD unweit des schon besprochenen TOTENKOPFES zu einem Stein, der als das STEINERNE KORNMANDL eine besondere sagenhafte Bedeutung hat.

Einstmals waren es übrigens ZWEI KORNMANDLN, ein Stein ist jedoch leider den Versuchen, durch SPRENGUNGEN Ackerland zu gewinnen, zum Opfer gefallen.

Wie kam es zu diesem Steingebilde? Eine alte Sage weiß das genau zu berichten. Im nahen ST. OSWALD war einstmals ein BAUER, der wohl wußte, daß dieser Grund wenig fruchtbar war, der aber dennoch sein Glück versuchte und Getreide säte. Aber aus der Saat wurde nicht viel, nur wenige Halme gingen auf und die trugen zumeist nur leere Ähren. Das ergrimmte den Bauern sehr und er geriet in namenlose Wut, obwohl er doch geringen Ertrag erwarten hätte müssen.

Darum hatten auch der Knecht und die Magd mit der Ernte nur wenig Arbeit, nur ein paar Kornmandln waren aufgestellt worden. Als der Bauer nun nach getaner Erntearbeit den Ertrag auf dem Felde besichtigen wollte und nur die wenigen Mandln sah, da konnte er sich nicht zurückhalten, er fing zu schimpfen und zu schelten an und VERFLUCHTE schlußendlich die gesamte ERNTE. Und Gott hörte diesen lästerlichen Worten nicht lange zu.

Als einige Tage später der Bauer seine Ernte einbringen wollte, da verbogen sich die Zinken an der Gabel, als der Bauer in eines der Mandl stechen wollte. Gott hatte die VERFLUCHTE ERNTE IN STEIN VERWANDELT.

Lange Zeit blieben zwei der Steine zur Erinnerung an diese Begebenheit erhalten. Jetzt sieht man nur mehr eines der beiden STEINERNEN KORNMANDL, da - wie schon eingangs erwähnt - eines der Steinmonumente einer unverständlichen Sprengung zum Opfer fiel. Das Verbliebene steht noch heute als Mahnmal, um an die damaligen Geschehnisse zu erinnern. Man soll eben für die kleinste Gottesgabe dankbar sein.

Das ist natürlich nicht die einzige Sage, welche VERSTEINERTE ERNTEN behandelt. Nur ist es meist in den anderen Fällen, daß das ERGEBNIS SONNTÄGLICHER ARBEIT ZU STEIN wird, um die Menschen daran zu erinnern, daß man auch im Sommer und bei noch so großem Zeitdruck hinsichtlich der Ernte die Sonn- und Feiertage zu beachten hat. Der HANGENSTEIN bei KARLSTEIN an der Thaya hat die Form eines HEUWAGENS. Ein Bauer vergaß die Sonntagspflicht und setzte die Heuarbeit fort, während die Glocken zur Messe riefen. Der Heuwagen wurde zu Stein. Gleiches wird vom HEUSCHOBERSTEIN bei GROßPERTHOLZ erzählt.

Noch eine Besonderheit ist zu diesen STEINERNEN KORNMANDLN anzuführen. Diese sollen von den KELTEN als KALENDERSTEIN zum Ablesen der SONNENWENDE verwendet worden sein. Wenn man den Theorien der Geomantie (ley lines) Glauben schenkt, muß man auch ein genaues Meßsystem voraussetzen, was einiges erklären würde. Dieses KELTISCHE ERBE in unserem Waldviertel mag wohl schwer nachzuweisen sein, aber es wirkt bis in die Gegenwart fort und gibt diesem Landstrich sein Gepräge, macht ihn so mystisch, rätselhaft und geheimnisvoll.

25. Der Druidentreffpunkt am Kaltenberg

Der DRITTE KULTURWANDERWEG im YSPERTAL wurde unter dem Leitgedanken *„DURCH DIE YSPERKLAMM ZUM DRUIDENTREFFPUNKT AM KALTENBERG (KELTENBERG)"* zusammengestellt. Einige bemerkenswerte STEINGEBILDE, die sich entlang dieses Weges finden lassen, wurden bereits vorgestellt.

Dabei gibt es auf diesem Weg noch so manch andere Gebilde, vom SITZENDEN HUND über den HERRGOTTSITZ in der Form eines kleinen Thrones, der aber auch PILZSTEIN heißt und vor dem sich eine LIEGENDE SCHALE mit ausgebrochenem Rande befindet, bis zu allerlei Felsgebilden und Schalensteinen, die der Phantasie freien Lauf lassen im Erfinden sagenhafter Erklärungen.

Ob der NAME KALTENBERG von den KELTEN abzuleiten ist, darüber mag man verschiedener Meinung sein. Aber wenn man die STEINANLAGE beim DRUIDENTREFFPUNKT kennengelernt hat, dann glaubt man ziemlich sicher daran.

Sieht man doch in ALTARFORM angeordnete OPFERSTEINE, welche dem Platz eine besondere Weihe verleihen. Wahrscheinlich hat man das Opfer an der höchsten Erhebung erbracht. Dort befindet sich auch eine RINNE, die nach OSTEN der aufge-

Zu den besonderen mystischen Stätten des südlichen Waldviertels zählt der Druidentreffpunkt auf dem Kaltenberg, von Ysper aus durch einen Erlebnisweg erschlossen.

Machtvolle Blockbildungen bereichern auch die Landschaft rund um Ysper und bilden zusätzliche Sehenswürdigkeiten und Anregungen, die Phantasie schweifen zu lassen und neue Geschichten zu ersinnen.

henden Sonne entgegenzeigt. Wie um einen bedeutungsvollen Mittelpunkt sind kreisförmig Sitzsteine angeordnet. Was lag näher, als in diesem Berg einen Treffpunkt der keltischen Priester, der Druiden, zu sehen. Dafür spricht ja auch die abgelegene, hohe Lage. Wie sich die Klöster, denken wir an Melk und Göttweig, als Gottesburgen auf den Bergeshöhen ansiedelten, so kann man wohl berechtigt annehmen, daß keltische Priester gleichfalls die Höhen aufsuchten und auch fernab menschlicher Ansiedlungen ihre Beratungen abhalten wollten.

Wie gesagt, nicht allein der Druidentreffpunkt ist einen Besuch wert, wir finden mehr oder weniger benachbart den *„Steinernen Kopf“*, die *„Kopfwehschale mit Echostein“* und schließlich eine *„Felsformation mit Sphinx“*. All das ist dazu angetan, gerade in diesem geheimnisvollen Landstrich unseres Waldviertels hellhörig zu werden für die Stimmen aus grauer Vorzeit, die sich auch heute noch dem Aufnahmebereiten erschließen. So manches Steingebilde ist noch namenlos und wartet darauf, daß einmal einer inspiriert wird zu einem Namen, zu einer Geschichte, welche in dieser Landschaft, so phantastisch die Erzählung auch immer sein mag, gerne geglaubt wird.

Zwischen Hirschenstein und Kaltenberg ist schließlich noch ein weiterer Schalenstein erwähnenswert. In der Nähe befinden sich ein Durchschlupf und ein Steinkreis. Dieser Schalenstein wird der *„Hohle Stein“* genannt. In seiner Schale ist das Wasser noch nie ausgetrocknet. Bis heute dient er den Jägern als Treffpunkt.

26. Der Franzosenstein bei Traunstein

Im Ortsgebiet des romantisch hoch gelegenen Ortes TRAUNSTEIN, wahrhaftig eine Steinburg unseres Waldviertels von besonderer Art, liegt der FRANZOSENSTEIN, der zu den bekanntesten Steinen des Waldviertels zu zählen ist. Durchquert man den Ort, ansteigend zur Kirche und wieder abfallend führt die Straße zum Zentrum mit Gemeindeamt und Postamt, und wendet man sich dann rechts in die Richtung nach SCHÖNBACH, so wird man an der linken Straßenseite sehr bald diesen gewaltigen Steinblock sehen können.

Sein Gewicht wird auf einhundertzwanzig Tonnen geschätzt. Der Block ist sieben Meter lang, fünf Meter hoch und etwa drei Meter breit. 1950 wurde der Franzosenstein zum NATURDENKMAL erklärt. Der Form nach würde man glauben, einen Wackelstein vor sich zu haben. Vielleicht war es sogar einmal ein solcher, der aber seine Beweglichkeit durch weitere Verwitterung verloren hat.

Wahrscheinlich war es auch die LAGE DES STEINES, die den Anführer einer KOMPAGNIE FRANZÖSISCHER SOLDATEN, als diese im Jahre 1809 in Traunstein einquartiert waren, dazu anregte, zu versuchen, DEN STEIN UMZUKIPPEN. Vielleicht kannten die Franzosen aus ihrer Heimat oder aus anderen Teilen des Waldviertels, das sie ja wohl hinlänglich durchstreift hatten, ähnliche Steine. Kurzum, der Offizier befahl seinen Soldaten, sich gegen den Stein zu stemmen und ihn umzustürzen. Der ganzen Kompagnie Franzosen ist dies aber nicht gelungen. Der Stein blieb in seiner Lage, nur trägt er zur Erinnerung seither den Namen FRANZOSENSTEIN.

Eine ganze Kompanie Franzosen vermochte nicht, den Steinblock umzuwerfen, der seither den Namen „Franzosenstein" trägt.

ALOIS ENIGL weiß im Zusammenhang mit dem FRANZOSENSTEIN ein Beispiel für den kernigen WALDVIERTLER HUMOR anzuführen. Immer wieder wurden Besucher durch die Lage des Steines in Versuchung gebracht, ihn umzukippen. Er scheint so auf seiner Unterlage zu liegen, als ob ein kleiner Stoß genügen würde. Auch die Touristen unserer Tage bilden da keine Ausnahme. Einige Burschen einer Mittelschulklasse versuchten es denn auch eines Tages und feuerten einander durch laute Zurufe an. Da kam ein eher schmächtiger älterer Mann, ein Rentner, der in der Nähe des Franzosensteines wohnte, und ermahnte die Burschen in etwa mit den Worten: *„Bitte laßt' mir den Stein in Ruhe. Dreimal habe ich ihn heute schon aufstellen müssen, ein viertes Mal derpack' ich es nicht mehr.“*

27. Die drei Venusstatuetten des Waldviertels

Erst vor wenigen Jahren haben AUSTRALISCHE WISSENSCHAFTLER im Bereich der GUDENUSHÖHLE bei Schloß Hartenstein im Kremstal ÄLTESTE BESIEDLUNGSSPUREN entdeckt, die auf eine Epoche vor ZWEIHUNDERTTAUSEND JAHREN verweisen. Ältere Funde gibt es kaum in Europa und so kann man, bis neue Funde datiert werden, zweifellos das WALDVIERTEL als eine HEIMAT DER UREUROPÄER bezeichnen.

Das zeigt sich auch darin, daß früheste und frühe Zeugnisse einer KUNSTAUSÜBUNG, welche natürlich eng mit dem kultischen Bereich und der KULTAUSÜBUNG überhaupt verbunden waren, in unserer Region gefunden werden konnten. Es sind gleich DREI FRAUENSTATUETTEN, alle mit kultischer Bedeutung, vor allem im Hinblick auf FRUCHTBARKEITSKULTE.

Die ÄLTESTE FRAUENSTATUETTE DER WELT kam erst vor relativ kurzer Zeit ans Tageslicht. Es ist die *„VENUS VOM GALGENBERG“* aus STRATZING bei KREMS. Der genaue Fundplatz ist der GALGENBERG bei STRATZING. Ihr Alter wird mit 32.000 Jahren angegeben. 1988 wurde dieses Kunstwerk erst entdeckt. Als man einen Hochbehälter für die Kremser Wasserleitung bauen wollte, stieß man auf ÜBERRESTE VON SIEDLUNGEN im Löß. ZWEI EISZEITLICHE KULTURSCHICHTEN konnten dabei von den Fachleuten freigelegt werden. Mit den Ausgrabungen wurde bereits 1985 begonnen und 1988 kam es eben zur Sensation, genau 80 Jahre nach Auffindung der *„Venus von Willendorf“* wurden GESCHNITZTE SCHIEFERSTÜCKE gefunden, aus welchen sich die VENUSFIGUR zusammensetzen ließ. Die *„VENUS VOM GALGENBERG“* ist die älteste Frauenstatuette der Welt und wir Waldviertler können sicher stolz darauf sein, daß sie gerade in unserem Gebiet gefunden wurde.

Damit wurde eine weithin bekanntere *„alte Dame“* auf den zweiten Platz verwiesen, bislang hatte sie als älteste Frauenplastik gegolten, die *„VENUS VON WILLENDORF“* in der Wachau, welche im Kaiserjubiläumsjahr 1908 entdeckt wurde und in deren *„Heimatgemeinde“* WILLENDORF seit 1994 ein MUSEUM besteht, wo man auch ABGÜSSE DER VENUS zur Erinnerung erwerben kann.

Durch den Bau der Donauuferbahn entdeckte man SIEBEN LAGERPLÄTZE EISZEITLICHER UND ALTSTEINZEITLICHER JÄGERHORDEN. Das NATURHISTORISCHE MUSEUM in der Haupt-und Residenzstadt WIEN ließ ab dem Jahre 1908 die ersten systematischen Grabungen durchführen. In der obersten der NEUN SIEDLUNGSSCHICHTEN wurde nun bereits im ersten Jahr eine aus OOLITH, das ist eine Kalksteinverbindung mit Eisen, verfertigte, elf Zentimeter hohe FRAUENPLASTIK gefunden. Das ist die *„VENUS VON WILLENDORF“*, die seither wohl in jedem Geschichte betreffenden Schulbuch zumindest Österreichs als Beispiel für altsteinzeitliche Kunst abgebildet wurde und natürlich für viele Deutungen Anlaß gegeben hat. Weisen sie doch etwa die ÜBERBETONTEN BRÜSTE ziemlich naheliegend als IDOLPLASTIK eines FRUCHTBARKEITSKULTES aus. In WILLENDORF selbst hat man etwa zwanzig Jahre später noch eine WEITERE VENUS, allerdings aus einer anderen Epoche stammend, ausgegraben. Insgesamt hat man im Bereich von SÜDWESTFRANKREICH bis SIBIRIEN gegen 150 FRAUENSTATUETTEN gefunden, aber die *„VENUS VON WILLENDORF“* gilt als eine der schönsten und war bis zur Auffindung der *„Venus vom Galgenberg“* auch die älteste.

Die dritte Venusstatuette ist durch ihre Aufbewahrung im HÖBARTHMUSEUM in HORN zur Waldviertlerin geworden. Gefunden wurde die *„VENUS VON EGGENDORF“* bereits auf der Weinviertler Seite des MANHARTSBERGES in enger Nachbarschaft zur Stadt MAISSAU, nämlich in EGGENDORF AM WALDE. Sie ist im Vergleich zur *„Venus vom Galgenberg“* mit 32.000 Jahren und der *„Venus von Willendorf“* mit doch

Zeugnisse ältester Kunstausübung in Wachau und Waldviertel, von links nach rechts die Venusstatuetten vom Galgenberg, von Willendorf und von Eggendorf.

über 27.000 Jahren noch ein *„junges Mädchen“*, das bloß 4.000 Jahre zählt. Dafür ist diese VENUS mit 25 Zentimetern Länge die GRÖSSTE. Sie stammt bereits aus der JUNGSTEINZEIT und 1939 wurde bei EGGENDORF der ausgedehnte SIEDLUNGSPLATZ ausgegraben. Auch von dieser *„VENUS VON EGGENDORF“* kann man in den HORNER MUSEEN einen ABGUSS erwerben und man tut gut daran, denn wahrscheinlich war diese VENUS ein HÄUSLICHER SCHUTZGEIST und wird wohl bis heute noch ein wenig von ihrer segenspendenden Kraft erhalten haben.

Wie AKTUELL die älteste dieser *„Damen“* ist, zeigte sich beim *„MARTINILOBEN“* des Jahres 1997. Die VORSTELLUNG DES NEUEN WEINES wurde auf SCHLOß HOLLENBURG an der Donau mit einer WEINSEGNUNG und KUNSTAUSSTELLUNG verbunden. Vielleicht der prominenteste Gast dabei war *„FANNY“*. Zu diesem Namen ist die VENUS VOM GALGENBERG gekommen und sie durfte aus dem NATURHISTORISCHEN MUSEUM in WIEN einen Ausflug in ihre Heimat machen, in das Weinland von Krems, ist doch Hollenburg nur knapp zwanzig Kilometer von STRATZING entfernt. Mit den Einnahmen der Weinverkostung förderte man übrigens die Renovierung des altehrwürdigen KIRCHLEINS AM WETTERKREUZBERG bei Hollenburg. Geschichte und Geselligkeit, Mythos der Vergangenheit und Zauber des Weines lassen sich also sehr gut verbinden.

28. Der Wiegenstein bei Traunstein

Abseits vom freundlichen und kulturell so initiativen Marktort TRAUNSTEIN liegt in etwa eineinhalb Kilometern Entfernung südwestlich vom Ort mitten im Wald der WIEGENSTEIN. Auf einem mächtigen Granitblock liegt ein vielleicht auch einhundert Tonnen schwerer Steinblock, der sich IN BEWEGUNG VERSETZEN läßt.

Nun, es ist nicht mehr ein WACKELSTEIN der üblichen Art, bei dem schon die einfache MANNESKRAFT genügt, um ein SCHAUKELN herbeizuführen. Hier muß man schon die HEBELWIRKUNG beanspruchen und einen BAUMSTAMM unterschieben. Dann aber bewegt sich der Stein.

Der Stein ist immerhin sechs Meter lang, hat eine Höhe von über zweieinhalb Metern und ist vier Meter breit. 1950 wurde auch der WIEGENSTEIN zum NATURDENKMAL erklärt.

Der Stein hat sich nicht immer bewegen lassen. Auf ihrer Wanderung durch das Waldviertel war die GOTTESMUTTER MARIA, welche das heiße Ägypten verlassen hatte, mit dem JESUSKNABEN auch im Gebiet von TRAUNSTEIN und SCHÖNBACH unterwegs. Das *„STOANERNE BRÜNDL“* bei LOHN, nichts anderes als ein SCHALENSTEIN mit einer Schale, in welcher sich immer das Wasser hält, hatte bereits den Durst des Jesusknaben gelöscht. Aber auch im Waldviertel gab es heiße Sommertage und so sah sich Maria nach einem Platze um, wo ihr göttliches Kind AUSRUHEN konnte. Da sah sie den riesigen STEINBLOCK, der aber gar nicht kalt, hart und unwirtlich aussah, bedeckte doch dickes, weiches MOOS seine Oberfläche. Der Jesusknabe war schon eingeschlafen und behutsam bettete Maria das Kind auf den Moospolster des Steines. Dann setzte sich Maria neben den Stein in den Schatten und war bald einge-

Traunstein wartet mit einer Vielzahl sagenumwobener Blöcke auf.

Einer der recht seltenen Wackelsteine im Waldviertel befindet sich auch im Bereich von Traunstein und ist von allerlei Sagen umwoben.

Einer der Schalensteine, die es auch in den Wäldern rund um Traunstein gibt. Dieser ist auf dem Weg zum Wackelstein linker Hand zu finden.

Das Gebiet um Traunstein ist überreich an Steingebilden, die oft schon von Moos überwachsen sind.

Zur Schönheit der Steingebilde trägt auch ihre Moosbedeckung wesentlich bei, wie das Bild deutlich macht. Rund um Traunstein gibt es über 300 verschiedene Moosarten, welche auf Waldboden und Felsflächen kuriose Muster bilden.

schlafen. Als sie erwachte, sah sie zu ihrer großen Verwunderung, daß der STEIN SICH BEWEGTE. ENGEL vom Himmel waren gekommen und schaukelten und WIEGTEN den STEIN gar sanft, damit der göttliche Knabe ja ruhig schlummern könne. So kam der WIEGENSTEIN zu seinem NAMEN. Und auch auf ihm gibt es eine SCHALE, sie soll diese Stelle kennzeichnen, an der das GÖTTLICHE KIND GELEGEN haben soll.

Auch andere SCHALENSTEINE gibt es im Gebiet von TRAUNSTEIN, so einen grossen OPFERSTEIN am Fuße des SCHULBERGES. Auch da hat man allerlei von Opfern zu erzählen gewußt und auch eine RINNE zum Abfließen des Opferblutes gezeigt.

29. Der Wachtstein in Traunstein

Er schließt sich so direkt an das Ortsgebiet von TRAUNSTEIN an, daß die Lagebezeichnung *„in Traunstein“* wohl ihre Gültigkeit hat. Schon seit der Jahrhundertwende wußte man diesen Platz als FESTPLATZ mit EINMALIGER NATURKULISSE zu schätzen und seit mehr als drei Jahrzehnten sind die alljährlichen WACHTSTEINFESTE, gutes Wetter vorausgesetzt, ein einmaliger HÖHEPUNKT im Festkalender des Waldviertels.

In einer Gesamtdarstellung niederösterreichischer NATURDENKMALE wird der WACHTSTEIN als das *„interessanteste Naturdenkmal des Ortes“* bezeichnet und anschaulich beschrieben: *„Eine Anhäufung gewaltiger Granitblöcke verschiedenster Größen und Formen, malerisch angeordnet und mit Nadelhölzern bewachsen, geben dem Ortsbild einen eigenartigen Charakter. Der oberste Steinblock wurde durch eine Steiganlage zugänglich gemacht und dient heute als Aussichtsplatz, so wie er wahrscheinlich in alter Zeit schon als Wachtberg benutzt worden sein dürfte. Die Sicht reicht über das ganze Waldviertel, über viele Ortschaften und zeigt an klaren Tagen sogar den Ötscher. Um dies eindrucksvolle Bild vor störender Verbauung zu schützen, wurde die Umgebung des Naturdenkmales im Umkreis von 300 Metern mitgeschützt, wobei die bisherige landwirtschaftliche Nutzung beibehalten werden kann.* „Zum NATURDENKMAL wurde der Wachtstein 1951 erklärt.

Wohl einer der stolzesten Felstürme im Waldviertels und zweifellos einer der schönsten Plätze zur Abhaltung eines Naturfestes ist der Wachtstein bei Traunstein.

Der Wachtstein erreicht die stolze Seehöhe von 948 Metern, ist also einer der höchsten Punkte im Verwaltungsbezirk Zwettl. Der Wachtstein, und daher stammt wohl auch sein Name, war ein Glied in einer Kette von weitgehend auch befestigten Bergen, welche zur Weitergabe von Signalen, im Sinne von Feuern, dienten. Dazu gehörten der Jauerling, der Berg, auf welchem sich bis zu ihrer Zerstörung im Jahre 1296 die Burg Anschau befunden hat, der Guttenberg bei Grafenschlag, der Loschberg bei Brand und auf der anderen Seite der Burgberg von Arbesbach, um nur einige zu nennen. Diese Kette von Signalbergen reichte bis zum *„Gemäuer"* in Weissenalbern, wo ja auch der Ortsname den Teil *„weisen"* enthält, was sicherlich mit bekanntgeben, melden zu tun hat.

In Traunstein fehlte die befestigte Anlage nicht, sie hat sich zu Füßen des Wachtsteines befunden, dort wo heute der Pfarrhof steht.

Am Fusse des Wachtsteines gibt es einige Stellen, wo man glaubt, daß es dort *„hohl klingt"*. Sind das Überreste eines unterirdischen Ganges, der vom Wachtstein zur Burg Anschau und von dort weiter nach Arbesbach geführt haben soll?

An einem Karfreitag, so weiß eine andere Sage zu berichten, war einmal eine Frau im Kirchenwald hinter dem Wachtstein mit dem Holzsammeln beschäftigt. Sie befand sich bereits auf dem Heimweg und trug auf dem Arm ihr Kind und auf dem Rücken ein Bündel Holz. Es war genau zur Mittagsstunde. Da kam die Frau beim Wachtstein vorbei und sah, daß sich ein eisernes Tor öffnete. Neugierig geworden, ging die Frau in die Höhle hinein und war bald geblendet vom Glanz unermeßlich großer Schätze. Die Frau setzte ihr Kind auf einen Tisch und nahm von den Juwelen und Goldmünzen soviel an sich, wie sie nur halten konnte. Plötzlich bemerkte sie, wie sich das eiserne Tor langsam zu schließen begann. Rasch eilte die Frau noch aus der Höhle heraus, hatte nun einiges an Reichtümern bei sich, das Kind freilich hatte sie im Berg vergessen. Das eiserne Tor blieb verschlossen, ja, nach einiger Zeit war es überhaupt verschwunden. Trostlos machte sich die Frau auf den Heimweg. All die Goldmünzen und Juwelen konnten ihr keine Freude mehr bereiten. Dem Ratschlag des Geistlichen Folge leistend, ging die Frau genau ein Jahr später wieder zum Wachtstein. Neuerdings stand zur Mittagsstunde das Tor offen. Die Frau ging hinein, legte all die Reichtümer an ihren Platz zurück, warf keinen Blick mehr auf all die Pracht, sondern war nur überglücklich, daß sie ihr Kind wohlbehalten wiedergefunden hatte und mit sich nehmen konnte. Seither soll sich die eiserne Tür allerdings nie mehr geöffnet haben.

Am Fuße des Wachtsteines liegt die Pfarrkirche von Traunstein, durch den Künstlerpfarrer Josef Elter zu einem neuen Dom des Waldviertels geworden. Um den Bau der ersten Kirche in Traunstein rankt sich auch eine Sage, die zeigt, daß der Platz am Fuße des Wachtsteines durch höheren Willen auserwählt wurde. Denn ursprünglich sollte die Kirche genau in der Mitte zwischen den Orten Spielberg und Traunstein errichtet werden. Aber das auf diesem Platz vorbereitete Baumaterial verschwand nächtens auf wunderbare Weise und wurde immer wieder auf dem heutigen Standort der Kirche, also in Traunstein am Fuße des Wachtsteines, gefunden. Man sah darin die Kundmachung eines höheren Willens und so wurde die Kirche auf ihrem heutigen Standplatz errichtet.

Warum sich der WACHTSTEIN so massiv gegen den Himmel AUFTÜRMT und immer wieder FELSBLÖCKE über die Felder und in den Wäldern VERSTREUT liegen, dafür gibt es auch eine SAGENHAFTE ERKLÄRUNG. Hier habe nämlich der TEUFEL VERSUCHT, GOTTES SCHÖPFUNGSWERK NACHZUAHMEN. Schöne Feld- und Waldstücke sind ihm nicht gelungen, nur Felstrümmer konnte er aufeinander türmen oder wild in der Gegend verstreuen.

Wer aber die Schönheiten der Waldviertler Granitlandschaft genießt, der denkt nicht an die MÜHEN, die mancher FELSBLOCK dem BAUERN bereitet, so daß dieser jene Steine vielleicht wirklich manchmal als TEUFELSWERK VERWÜNSCHT. Vielmehr bleibt der Besucher gefangen von der ZAUBERWELT mystischer, ewiger GESTEINSBLÖCKE und der Vielfalt ihrer Formen, die so schön sind, daß sehr viel davon wohl durch Gottes Willen und Ratschluß entstanden sein mag. Oder zumindest hat der Teufel mit Gottes ausdrücklicher Zustimmung die Felsentürme aufgeschichtet.

Hier der Aufgang zum höchsten Aussichtspunkt des Wachsteines. In näherer Umgebung findet man jede Menge kleinerer und größerer Schalen.

30. Der Keltische Opferstein in Maria Taferl

MARIA TAFERL, wunderschön über dem herrlichen Tal der DONAU gelegen, ist der größte MARIANISCHE WALLFAHRTSORT Niederösterreichs. Es verwundert aber wohl niemanden, daß am Anfang dieses hochkirchlichen Wallfahrtsheiligtums HEIDNISCHE KULTHANDLUNGEN standen, die von der Kirche abgelöst, übernommen, fortgesetzt, ersetzt wurden.

Denn am Anfang waren eine EICHE und das *„TAFERL“,* eben jene Steinplatte, welche jetzt als Tischplatte und mit einem Steingeländer umgeben neben der Wallfahrtskirche zu sehen ist. Schon in heidnischer Zeit muß es sich hier um einen HEILIGEN ORT gehandelt haben. Dafür spricht ja auch die HÖHENLAGE. Stein und Baum waren wohl Jahrhunderte miteinander verbunden. Ob tatsächlich der Stein, das *„Taferl“*, als ALTARPLATTE zur Abhaltung von Opfern gedient hat, das wird man wohl nie mehr nachweisen können.

Noch vor Entstehung des Wallfahrtsortes Maria Taferl hatte man bereits den alten KULT um STEINTAFEL und BAUM dergestalt CHRISTIANISIERT, daß man dorthin Prozessionen an bestimmten Tagen unternahm. So wird schon 1560 von einem Brauch am OSTERMONTAG berichtet, daß man am Emaustag zum *„Taferl“* unter dem Baum, mit welchem die Eiche gemeint ist, hinausziehe. Das heidnische TOTENGEDENKEN lebte in einem ZEREMONIELLEN MAHL weiter, eigens wird noch angemerkt, daß dabei den vornehmen Begleitern der Prozession die Steinplatte als Tisch diente.

Der Opfertisch, das „Taferl“, war wohl der eigentliche Ursprung des heute so bedeutungsvollen Wallfahrtsortes Maria Taferl.

1633 ereigneten sich dann jene Vorkommnisse, welche zur BEGRÜNDUNG DER WALLFAHRT führten. Der Viehhirt THOMAS PACHMANN wollte auf dem *„TAFERLBERG“* die alte EICHE FÄLLEN, prallte mit der Axt ab und verletzte sich am Fuß. Erst als er um Verzeihung für diesen Frevel bat, versiegte das Blut wieder.

KARL LUKAN verweist darauf, daß das FÄLLEN HEILIGER BÄUME auch in anderen Kulturkreisen zur SELBSTVERLETZUNG führte. Etwa wenn er Berichte anführt, daß sich Cäsars Legionäre geweigert hatten, aus einem *„heiligen Wald“* Holz zu schlägern, weil sie fürchteten, sich dabei selber zu verwunden. Da ergriff Cäsar selbst die Axt und bewies ihnen das Gegenteil.

Besondere Erscheinungen wiesen in späteren Jahren auf die Bedeutung und Weihe des Ortes Maria Taferl hin und so wurde am 25. April 1660 der GRUNDSTEIN zur heutigen WALLFAHRTSBASILIKA gelegt. Die ALTE HEILIGE EICHE mußte 1718 GEFÄLLT werden, Ihr *„heiliges, heilbringendes Holz“* wurde an fromme Pilger verteilt. Aus einer Eichel der alten Eiche wurde eine neue Eiche gepflanzt, die aber nur bis zum Ende des 18. Jahrhunderts stand und dann gleichfalls gefällt werden mußte.

Den *„heiligen Stein“*, das *„TAFERL“*, hatte man noch in die NEUE WALLFAHRTSKIRCHE übernommen. Erst 1750, als die große Altarwand errichtet wurde, mußte der Stein aus der Kirche weichen. Seither befindet er sich neben dem Gotteshaus und nur wenigen Pilgern mag bewußt sein, daß dieses *„Taferl“* eigentlich am Beginn der Wallfahrten nach Maria Taferl war.

31. Ein Erdstall bei Langenlois

Im Bereich von Österreichs größter Weinbaustadt LANGENLOIS, die dem LÖSS die idealen geologischen Voraussetzungen für den Weinbau verdankt, finden sich in diesem mehrfach UNTERIRDISCHE GÄNGE und ERDSTÄLLE. Einer davon wurde auch als mystische Stätte in unsere Reihe aufgenommen.

Vielleicht war er jene WOHNSTÄTTE VON ZWERGEN, über die Sagen zu berichten wissen. Sie waren fleißig und geschickt in ihren Handwerken, diese Zwerge, genossen aber bei der Bevölkerung von Langenlois überhaupt kein Ansehen, vielmehr wurden sie immer wieder wegen ihrer Kleinheit verspottet.

Besonders arg trieb es ein wohlhabender Bürger, der den Zwergen nicht allein ihre geringe Größe vorhielt, sondern sie außerdem als Bettelvolk bezeichnete.

Da forderten eines Tages die Zwerge den Bürger auf, er möge ihnen in ihre Wohnhöhlen folgen. Wie erstaunte der Mann, als er darin jede Menge von Kostbarkeiten angehäuft sehen konnte. Da gab es edlen Schmuck, Juwelen, kostbare Tuche, kunstreiche Gefäße und vieles andere mehr.

Der Bürger erzählte daheim von diesen Erlebnissen, sagte aber nicht, daß er noch einmal zu den Höhlen gehen wollte, um den Zwergen einiges von ihren Schätzen zu stehlen. Er meinte bloß, man habe ihn noch einmal seitens der Zwerge eingeladen.Der Bürger kehrte nie mehr heim und auch die Zwergenhöhlen verschwanden im Löß und waren nie mehr aufzufinden. Vermutlich hatte der Mann

Eingang zum Erdstall in Langenlois.

seine böse Absicht, die Zwerge zu bestehlen, mit dem Tod büßen müssen und die Zwerge hatten hierauf Langenlois mit all ihren Schätzen und Kostbarkeiten verlassen.

FRANZ KIESSLING weiß uns eine recht genaue BESCHREIBUNG dieser ERDSTÄLLE im Langenloiser Bereich zu übermitteln. Er hat im sogenannten *„RASSINGER GRABEN"* in ziemlicher Höhe in der Lößwand eine *„ansehnliche Reihe von Gängen und Kammern"* vorfinden können, die teils noch in recht gutem Zustande waren. *„Es wurde auch erzählt, daß hier sieben Erdställe miteinander in Verbindung stehen, die zusammen vier Ausgänge gehabt haben; aber heute ist nur mehr ein Loch offen. In früheren Zeiten, als der Fahrweg noch nicht so tief ausgewaschen (eingeschnitten) war, dürfte vor dem Eingange eine Art Plattform gewesen sein, auf dem Raum für eine Holzhütte war, wie vielleicht zur Zeit, als hier die 'Zwerge' wohnten."*

Die ERDSTÄLLE gehören zweifellos zu den ganz großen RÄTSELN in der WALDVIERTLER HEIMATFORSCHUNG. Für längeren Aufenthalt, also als Zufluchtsort für Tage und Wochen in Kriegszeiten, waren sie wohl nicht geeignet, da es an der notwendigen Atemluft, bzw. am Luftaustausch fehlte. In den unteren Kammern ist nur für einen Zeitraum von fünf Minuten ausreichende Luft zum Atmen vorhanden. Außerdem hätte die Anordnung mancher Erdställe den Feinden ein Ausräuchern leicht gemacht.

32. Die Gudenushöhle bei Hartenstein

Die Entdeckung der GUDENUSHÖHLE am Fuße der Burg HARTENSTEIN und der Reste von menschlicher Siedlungstätigkeit in ihr führt uns an den ANFANG DER URGESCHICHTSFORSCHUNG im Waldviertel. Der Göttweiger Benediktinerpater LEOPOLD HACKER, der damals als Pfarrverweser von PURK seelsorglichen Dienst leistete, war es, der im Jahre 1884 mit einer Gruppe Gleichgesinnter die Höhlen im Bereich von Hartenstein zu untersuchen begonnen hat.

Zuerst erforschte man die GUDENUSHÖHLE, die ihren Namen nach der GRÄFLICHEN FAMILIE GUDENUS hat, welche 1726 in den Besitz der Burg Hartenstein gekommen war.

Die GUDENUSHÖHLE liegt etwa acht Meter über dem Flußbett der KLEINEN KREMS. Damals war das Felsenloch, das den Einstieg ermöglichte, kaum neunzig Zentimeter hoch. Durch die vielen Grabungen hat die Einstiegsstelle heute eine Höhe von zweieinhalb Metern erreicht.

Es gehörte damals sicher beachtlicher Wagemut dazu, mit einfachsten Ausrüstungsgegenständen und nur beim Licht rußender Fackeln, diese Höhle zu erforschen. Aber die Bemühungen lohnten sich, die begeisterten Ausgräber wurden fündig. Man fand nicht allein TIERKNOCHEN aus grauer Vorzeit, sondern bald auch die ersten FAUSTKEILE, von Menschenhand bearbeitet und damit Zeugnisse für die SIEDLUNGSTÄTIGKEIT der Menschen.

Eingang zur Gudenushöhle bei Hartenstein, einem der ältesten besiedelten Plätze Mitteleuropas. Grabungen eines australischen Teams brachten Funde zutage, die auf eine Besiedelung vor 180 - 200.000 Jahre schließen lassen.

Schließlich gelang es Pater Leopold Hacker und seinen Freunden, hier in der Gudenushöhle die GRÖßTE FUNDSTELLE ALTSTEIZEITLICHER ÜBERRESTE in Niederösterreich freizulegen. Es stellte sich dann noch heraus, daß von hier einige der ÄLTESTEN WERKZEUGFUNDE aus ganz Österreich stammen.

Diese Höhle bewohnten zeitgleich mit den MAMMUTHERDEN noch NEANDERTALER, eine letzte Vorstufe zum *„homo sapiens"*, und das führt uns zumindestens 50.000 Jahre zurück.

Vielerlei Funde wurden, wie schon erwähnt, gemacht und einer ist besonders bedeutungsvoll, zeigt er doch, daß die Menschen bereits damals ein Empfinden für KUNST hatten, freilich wohl in enger Verbindung mit KULTAUSÜBUNG und JAGDZAUBER. Eine Darstellung eines Rentierkopfes, eingeritzt auf einem Knochenstück, kann auf das stolze Alter von 15.000 Jahren verweisen.

Die GUDENUSHÖHLE ist nicht die einzige ihrer Art in diesem Gebiet. Eine andere heißt die *„TEUFELSKIRCHE"* und auch einen *„WOTANSFELSEN"* weiß man hier zu zeigen. Der alte Siedlungsplatz unserer Urahnen lebte also vielleicht doch irgendwie in der Erinnerung fort und machte die ganze Gegend zu einer geheimnisvollen, mystischen Stätte.

In neuester Zeit haben Wissenschaftler aus AUSTRALIEN uns dazu gebracht, die Anfänge der Urgeschichte im Waldviertel umzuschreiben. Wenn ihre Annahmen stimmen,haben hier bereits vor zweihunderttausend Jahren Menschen gesiedelt. Das übertrifft das Alter menschlicher Siedlungspuren in den französischen Höhlen, die bisher als die ältesten ihrer Art gegolten haben. Somit wäre die GUDENUSHÖHLE als ÄLTESTE HEIMAT des UREUROPÄERS anzusehen.

Ein sogenannter Phallusstein. Dieser wurde wahrscheinlich von heidnischen Priestern für Fruchtbarkeitsriten verwendet. Länge: ca. 14 cm lang.

33. Die Teufelsmauer bei Spitz

Man sollte es kaum für möglich halten, auch in der herrlichen WACHAU hat der TEUFEL einmal sein Unwesen getrieben. Und das ist nicht bloß irgend so eine Erzählung, denn man kann auf ein gewaltiges Bauwerk hinweisen, das der Überlieferung nach dem Höllenfürsten seine Errichtung verdankt, es ist die TEUFELSMAUER bei SPITZ. Bis vierzig Meter hoch sind die kühn aufgetürmten FELSPARTIEN.

Verschiedene SAGEN wissen uns vom ENTSTEHEN dieser TEUFELSMAUER zu berichten. So soll vorerst einmal der Teufel sehr ergrimnmt darüber gewesen sein, daß so viele Wallfahrer das GRAB des heiligen ALBINUS in der Kirche von ST. JOHANN besuchten. Sie fanden dort Heilung und Hilfe in ihren Nöten und Anliegen. Da brauchten sie natürlich den Teufel nicht mehr, der auch bereit war, zu helfen, freilich um den Preis der Seele desjenigen, der Hilfe nötig hatte.

So machte der Teufel mit Gott ein Geschäft und zwar dahingehend, daß der Teufel mit einer Mauer die DONAU ABSPERREN dürfe, wenn es ihm gelinge, diese MAUER in nur EINER NACHT zu errichten. Dadurch wäre St. Johann in den Fluten des aufgestauten Stromes untergegangen und niemand hätte mehr zum heiligen Albinus pilgern können.

Der Teufel machte sich mit Feuereifer ans Werk und rollte Stein auf Stein, so daß sehr bald eine mächtige Mauer entstanden war. Sie ragte auch schon bedrohlich weit in den Fluß hinein. Es fehlten nur mehr wenige Meter bis zum anderen Donauufer, da weckte das beginnende Morgengrauen den TURMHAHN der Kirche von ST. JOHANN und dieser begann zu KRÄHEN. Das war aber das vereinbarte Zeichen des beginnenden Tages und so mußten der Teufel und seine Helfer die fast vollendete Teufelsmauer im Stich lassen. Die Fluten des Stromes schwemmten allmählich das Gestein fort, nur oberhalb des Ufers ist die TEUFELSMAUER in ihrem imposanten ÜBERREST bis heute erhalten geblieben.

Den TEUFEL übermannte der Zorn über den krähenden Hahn, so daß er eilends einen Pfeil nahm und diesen dem Hahn durch den Körper schoß. Darum ist bis heute der TURMHAHN der Kirche von St. Johann in der Wachau von einem PFEIL DURCHBOHRT.

Zu dieser Sage gibt es eine Mehrzahl von VARIANTEN. So weiß man zu berichten, daß erst der DRITTE HAHNENSCHREI das Teufelswerk zunichte gemacht hat. Eine andere Erzählart vermittelt uns, daß der TEUFEL alle HÄHNE ringsum im Lande AUFGEKAUFT hatte. Nur eine alte Witwe wollte ihren Hahn nicht hergeben und gerade derjenige war es, der beim ersten Morgengrauen auf den Kirchturm von St. Johann flog, dort zu krähen begann und somit alle Bemühungen des Teufels ergebnislos werden ließ.

Noch einmal sind HÄHNE bedeutungsvoll. Nach dieser Sage wurde der Teufel erst am Morgen des dritten Tages in seinem Werk unterbrochen. Zuerst, am ersten Morgen, krähte nämlich ein WEIßER HAHN, was den Teufel unberührt ließ. Auch der krähende SCHWARZE HAHN am zweiten Tag konnte ihn nicht dazu bringen, sein Werk abzubrechen. Erst dem ROTEN HAHN, der am dritten Morgen krähte, mußte der Teufel weichen und seine Mauer unvollendet zurücklassen.

Schließlich sei noch eine ANDERE VARIANTE der Sage von der Teufelsmauer angeführt, nach welcher sich der Teufel in den Dienst von Menschen stellte, um mit einer Mauer die Donau abzusperren. Der Ritter von AGGSTEIN und der Ritter von HINTERHAUS waren nämlich in dasselbe adlige Fräulein verliebt. Traurig kehrte der Ritter von Hinterhaus eines Tages heim, der Aggsteiner hatte das Turnier gewonnen und ihm stand nun die Hand des Ritterfräuleins zu. Da tröstete der Teufel in Gestalt eines Jägers den RITTER VON HINTERHAUS und erbot sich, dem Aggsteiner die Freude an seiner Braut zu verderben, indem er mit einer Mauer die Donau aufstauen wollte, so daß auch die Feste Aggstein darin jämmerlich untergehen mußte. Der Ritter vertraute jedoch dem Fremden nicht ganz und machte es zur Bedingung, daß die Mauer bis zum ersten Hahnenschrei fertig sein müßte. Der Teufel mußte diese Bedingung annehmen und das Ende der Sage kennen wir bereits, ein Hahn krähte und die Mauer blieb unvollendet. Weiter wird noch erzählt, daß jetzt erst der Ritter von Hinterhaus die ganze Tragweite des höllischen Planes erfaßt hatte und in ein Kloster eintrat, um dort fortan Buße zu tun.

Wohl das prominenteste „Bauwerk", welches seine Entstehung teuflischem Wirken zu verdanken hat, befindet sich in der herrlichen Wachau, die Teufelsmauer bei Spitz.

34. Die Graselhöhle bei Rosenburg

Nicht immer sind es historisch nicht oder kaum mehr eingrenzbare Personen, welche mit mystischen Stätten in Verbindung stehen, wie die HEILIGEN, welche das Waldviertel durchwandert haben sollen, oder unbekannte RITTER aus der Besiedlungszeit. Auch im vorigen Jahrhundert war man durchaus noch bereit, Sagen zu formulieren und weiter zu erzählen, bzw. Stätten zu zeigen, welche mit berühmten oder berüchtigten Persönlichkeiten in Zusammenhang standen oder zumindest stehen sollten. Das trifft in erster Linie für den großen Räuber der Zeit des frühen Biedermeier zu, für JOHANN GEORG GRASEL. Auch unweit der ROSENBURG gibt es eine GRASELHÖHLE, die ihm als Aufenthaltsort gedient haben soll.

„Der schrecklichste der Schrecken, das ist der Mensch in seinem Wahn!“ Diese Worte, welche man bei einer Zeichnung GRASELS, welche bei seinen Verhören gemacht wurde, findet, könnte wohl auch als Motto für sein „Lebenswerk“ gelten.

Irgendwie war ja der Lebensweg des Wasenmeistersohnes aus NEUSEROWITZ in SÜDMÄHREN vorgezeichnet. Die Gesellschaft brauchte wohl die Abdecker oder Wasenmeister, also jene Personen, welche sich um die Beseitigung verendeter Tiere annahmen. Aber anderseits waren diese Leute gesellschaftlich geächtet, durften nicht in die Dorfgemeinschaft einheiraten und mußten sich auch abseits der Orte ansiedeln. So ist es nicht verwunderlich, daß sich die Ausgestoßenen bald gegen die Gesellschaft wandten und diese durch Raub und Einbruch in Schrecken versetzten. Dabei erwies es sich als förderlich, daß die ABDECKER, weil sie ja sonst keinen anderen Ehepartner suchen durften, alle miteinander VERWANDT waren. Damit bot sich ein ideales Netz von UNTERSCHLUPFMÖGLICHKEITEN.

GRASEL wurde schon recht bald zum *„EDLEN RÄUBER“* des Biedermeiers hochstilisiert. Eine Vielzahl von SAGEN setzte ein, wobei LITERARISCHE VORLAGEN modifiziert und in den eigenen Lebensbereich übernommen wurden. Es gab GRASELLIEDER und GRASELTÄNZE und die Kolumnisten der Haupt- und Residenzstadt Wien beschäftigten sich ausführlich mit diesem *„SCHRECKEN DES WALDVIERTELS“*. Bis heute hat Grasel kaum etwas an Faszination verloren, er wurde zum Filmhelden und Namengeber für hochkarätige Gastronomiebetriebe.

Warum GRASEL REICHEN DAS GELD WEGNAHM und es AN ARME WEITERVERSCHENKTE, wie in so vielen Erzählungen berichtet wird, das hatte, wenn es tatsächlich vorgekommen ist, ganz eigennützige Gründe. Grasel bestahl vorerst nur die Reichen, weil es nur dort genug zum Holen gab. Und wenn ihm irgend ein armer Teufel einmal behilflich war, so wird es natürlich vorgekommen sein, daß sich der Grasel mit ein paar Geldmünzen erkenntlich zeigte. Von einer *„UMVERTEILUNG“* von reich auf arm mit sozialrevolutionären Absichten in großem Stil kann natürlich überhaupt nicht die Rede sein.

Vielmehr war Grasel ein ganz grausamer und abscheulicher Verbrecher, der schon in jungen Jahren mit Messerstichen seine Opfer quälte, bis sie ihm die letzten Verstecke ihrer Notgroschen verrieten. Manch einer ist dabei ums Leben gekommen. Grasel scheute also auch vor Mord nicht zurück, wenn es darum ging, reiche Beute zu machen.

Der sagenumwobene Räuber Grasel soll in vielen Höhlen Unterschlupf gefunden haben, auch zu Füßen der Rosenburg gibt es eine Graselhöhle.

Grasel wurde 1790 geboren und hatte im Vater den besten Lehrmeister, denn auch der *„alte Grasel“* hatte Raub und Diebstahl als *„Nebenbeschäftigung“* zum ABDECKERGEWERBE. Schon im Alter von sechzehn Jahren war der Bursche ein getreuer Begleiter des Vaters bei den Raubzügen. In nur KNAPP ZEHN JAHREN, von 1806 bis 1815, wurde dann JOHANN GEORG GRASEL ZUM BEKANNTESTEN UND GEFÜRCHTETSTEN RÄUBER DES WALDVIERTELS.

Seine RÄUBERBANDE soll schließlich 66 Mitglieder umfaßt haben. Die Jahre zwischen 1812 und 1814, also die Zeit um den WIENER KONGREß, waren die Höhepunkte in der Verbrecherlaufbahn Grasels. Allein im Jahre 1814 konnten ihm 71 VERBRECHEN nachgewiesen werden. Dabei *„betreute“* Grasel mit seinen Spießgesellen ein beachtlich großes Gebiet.

Ein eher kurioses Detail am Rande: Die VERZEICHNISSE des DIEBSGUTES sind aus heutiger Sicht für manche Teilbereiche der VOLKSKUNDE interessant, etwa wenn man dadurch das TRAGEN VON GOLDHAUBEN für gewisse Gegenden nachweisen kann.

GRASEL wurde nun STECKBRIEFLICH GESUCHT und auf die Ergreifung wurde eine einmalig hohe PRÄMIE von VIERTAUSEND GULDEN ausgesetzt. Um diesen Preis bekam man sonst zehn „normale“ Räuber, was wieder ein Hinweis auf die GEFÄHRLICHKEIT Grasels und die UNMENGE seiner SCHANDTATEN ist.

Ein DETEKTIV schlich sich als KUMPAN in die allmählich kleiner werdende Bande Grasels ein und diesem gelang es schließlich, die GEFANGENNAHME GRASELS zu ermöglichen. Diese erfolgte am 19. NOVEMBER 1815 in MÖRTERSDORF bei Horn, wo sich übrigens heute der bekannte *„Graselheurige"* befindet. Es wird überliefert, daß Grasel diesen Ort bislang immer gemieden hatte, sein Name schien ihm eine böse Vorbedeutung für sein eigenes Schicksal. Und gerade dort sollte er endlich gefaßt werden. Der folgende PROZEß dauerte geraume Zeit und zog sich gehörig in die Länge, wobei die FAHNENFLUCHT des Grasel vielleicht gewichtiger war, als manch andere Straftat, so sehr dominierte der MILITÄRGEIST im damaligen Österreich.

Wie zu erwarten war, wurde über den Grasel das TODESURTEIL verhängt. und am 31. JÄNNER 1818 in WIEN vor dem *„Neutor"*, also in der Gegend der ROßAUER KASERNE, vollzogen. Die HINRICHTUNG wurde zu einem VOLKSFEST der besonderen Art für die schaulustigen Wiener. Grasel soll sich noch über die *„vielen Leute"* gewundert haben und mag dabei vielleicht einen letzten Triumph erlebt haben.

Die Zahl der GRASELHÖHLEN im NÖRDLICHEN NIEDERÖSTERREICH, in SÜDBÖHMEN und SÜDMÄHREN ist überaus zahlreich. In den wenigsten wird Grasel tatsächlich Unterschlupf gefunden haben. Zumal er ja überall die Verwandten in den Abdeckereien und auch so manche Gebliebte hatte, die ihn bereitwillig versteckten und auch für einige Tage ein bequemeres Quartier als eine feuchte, dunkle Höhle bieten konnten. Wenn man in einer neuen Publikation über Rosenburg liest, die dortige Graselhöhle solle *„echt"*, also vom Grasel bewohnt gewesen, sein, sind sicher auch einige Fragezeichen angebracht.

Aber das soll den Besucher nicht stören, den ruhig ein wenig ein gelinder Schauder überlaufen möge, wenn er sich vorstellt, daß auf einmal der Grasel aus der Höhle kommt und ihm entgegentritt.

Ein Blick in die Graselhöhle bei Rosenburg läßt ihre überaus stattlichen Dimensionen erahnen.

35. Mystischer Platz beim Kogelstein

Im Gemeindegebiet von GRAFENBERG trägt eine Bodenerhebung den Namen „*KOGELBERG*“. Auf einer mächtigen Unterlage, welche aus durch die Verwitterung schon stark abgerundeten Granitblöcken besteht, liegt ein etwa zwei Meter hoher Granitblock, der KOGELSTEIN. Durch das Spiel der VERWITTERUNG sieht dieser Steinblock einem mit einer KAPPE BEDECKTEN KOPF ähnlich.

Am Fuße dieses Steinblockes hatte einer der massiven Granitblöcke, auf welchem der Kogelstein aufliegt, eine wunderschöen STEINSCHALE. Diese ist aber durch einen umgeworfenen Stein zur Häfte verdeckt.

Bereits in der JÜNGEREN STEINZEIT war die Gegend um EGGENBURG dicht besiedelt. Es war das Verdienst des MUSEUMSGRÜNDERS von Eggenburg JOHANN KRAHU-

Gerade im Gebiet von Eggenburg mit ältester Besiedelung fällt die Entscheidung schwer, ob Natur oder Menschenhand seltsame Gesteinsgebilde formten.

Noch eine Ansicht des mystischen Platzes beim Kogelstein in der Gemeinde Grafenberg bei Eggenburg.

Letz, in seiner engeren Heimat Tausende von Funden geborgen und so der Nachwelt erhalten zu haben. Diese dichte Besiedlung in grauer Vorzeit legt auch eine künstliche Entstehung der Steinschalen in diesem Gebiete nahe, die vermutlich kultische Bedeutung hatten.

Die Forschung ist natürlich nicht stehen geblieben. Herbert Puschnik aus Horn hat die Kogelsteine mit der Küstenzone des ehemaligen Pannonischen Meeres in Zusammenhang gebracht. Durch Gesteinsfaltung entstand hier eine auffallende Bruchlinie. Puschnik ist auch einer der Mitgestalter eines *„Urgeschichtswanderweges“*, der natürlich auch diese mystische Stätte berührt.

Puschnik hat auch nachgewiesen, daß es eine in Nord - Süd - Richtung verlaufende Linie gibt, an welcher eine Vielzahl bizarrer Steingebilde liegen. Diese Bruchlinie führt von den Kogelsteinen über die Feenhaube zum Stoitzenberg.

36. Die Feenhaube beim Kogelstein

Unweit von ROGGENDORF erhebt sich auf einem Hügel, von machtvollen Steinblöcken umgeben, ein etwa sechs Meter hohes Granitmassiv, welches gar seltsam geformt ist. Es gehört wohl einige Phantasie dazu, aber dann kann man sich gut vorstellen, einen riesigen FRAUENKOPF, BEDECKT MIT EINER HAUBE, vor sich zu haben. Das hat auch zur Namengebung „*FEENHAUBE*" geführt.

Die Feenhaube ist eines der markantesten Steindenkmäler im östlichen Waldviertel in einem mystischen Bereich besonderer Art.

Auch bei der Feenhaube lohnt sich ein Blick „hinter die Kulissen", sieht man doch hier interessante Gesteinsschichtung und eine markante Kluft hinter dem Felsgebilde.

Schon FRANZ KIESSLING bedauert, daß es zur FEENHAUBE KEINE spezielle SAGE gibt. Er verweist dafür noch auf andere Steinblöcke in der Umgebung. Diese tragen alle mythische Namen, wie HERRGOTTSITZ, TEUFELSSITZ, TEUFELSKANZEL und TEUFELSROß. Genauere Sagen gibt es auch darüber freilich keine. Das mag daran liegen, wie schon JOHANN KRAHULETZ bedauernd feststellte, daß die (damalige) Jugend sich zuwenig um die Erzählungen der älteren Generation kümmerte und diese daher in Vergessenheit geraten sind.

KRAHULETZ war es auch, der auf einen knapp vierzig Schritte von der „*FEENHAUBE*" ostwärts in Richtung STOITZENDORF gelegenen Steinblock aufmerksam machte. Dieser trug den Namen „*HERRGOTTSSITZ*" oder auch „*RIESENSITZ*". Die VERTIEFUNG ist auf NATÜRLICHE WEISE entstanden und derart beschaffen, daß man sich in sie bequem „*wie in einen Lehnstuhl hineinsetzen kann*".

Die *„Feenhaube"* ist kein Schalenstein. Dafür gibt es seitlich von ihr einen etwa zwei Meter hohen Stein, welcher von der Seite her einem flachhutigen Pilz nicht unähnlich sieht. Auf seiner Oberfläche befindet sich eine schöne, etwa dreißig Zentimeter tiefe Steinschale, *„an deren künstlicher Herstellung nicht leicht gezweifelt werden kann."*

Zwischen Stoitzendorf und Roggendorf heißt ein Hügel der Stoitzenberg. Hier liegen, ähnlich wie auf dem Kogelberg zwischen Grafenberg und Stoitzendorf, viele Steinblöcke umher. Früher waren es allerdings mehr. Auf dem Kogelberg hingegen sollen der Überlieferung nach aber heute mehr Steine liegen, als es früher gewesen sind.

Unweit des Stoitzenberges gibt es überdies noch ein bislang kaum bekanntes Steindenkmal, einen Dolmen, also einen Steintisch. Der Dolmen auf dem Stoitzenberg hat eine große Schale auf der Deckplatte und dürfte natürlichen Ursprungs sein. Ausgehauene Trittlöcher erleichtern allerdings die Besteigung dieses Steines. Freilich ist nicht anzunehmen, daß sich einfache Bauern diese Arbeit angetan haben, was wiederum als Hinweis auf eine gewisse kultische Bedeutung gelten kann.

Von der *„Feenhaube"* gelangt man übrigens auch über den *„Urgeschichtswanderweg"* zum Stoitzenbergdolmen, was eine Gehzeit von einer Dreiviertelstunde erfordert. Dieser Dolmen ist aber auch von der Kellergasse von Stoitzendorf aus erreichbar

37. Die Frauenlucke bei Schmerbach

Belege für das Vordringen früher Menschen in das Innere des Waldviertels sind die Funde aus der Altsteinzeit in der Gudenushöhle bei Hartenstein sowie der Frauenlucke bei Schmerbach am Kamp im Pfarrbereich von Franzen. Diese Höhle liegt etwa zweieinhalb Kilometer kampaufwärts von Krumau entfernt. Vermutlich waren diese Höhlen aber nicht die Wohnstätten unserer Vorfahren, sondern dienten vielmehr als Jagdstationen für den vorübergehenden Aufenthalt.

Die Frauenlucke war den Urgeschichtsforschern schon lange bekannt. Im Jahre 1919 kam es zu einer genauen Erforschung und wissenschaftlichen Auswertung der Funde. In einer etwa vierzig Zentimeter mächtigen Ascheschicht wurden steinerne Klingen und Sticheln gefunden. Anzuführen ist auch eine Nadel, welche aus einem Knochen hergestellt worden ist. Im Naturhistorischen Museum in Wien befinden sich etliche Silexartefakte aus der Frauenlucke bei Schmerbach, worunter Steinwerkzeuge aus *„hartem Stein"* zu verstehen sind.

Die Frauenlucke ist ein fast gerader Gang, der sich bergwärts verjüngt. Die Länge ist 18 Meter. Aufrecht gehen kann man aber nur bei den ersten zehn Metern, dann ist der Gang nur mehr schliefbar. In der Nähe des Höhlenportales befindet sich ein markantes Felsgebilde mit einer eindrucksvollen Aussicht über das Kamptal. Erst um 1960 wurden ein Wanderweg zur Frauenlucke mit Beschilderung angelegt.

Nun noch ein paar Überlieferungen zur NAMENSGEBUNG. Einerseits sollen hier einmal *„WILDE FRAUEN"* gelebt haben. Anderseits ist von DREI MYTHISCHEN WALDFRAUEN die Rede. Eine letzte Überlieferung schließlich will - wieder einmal - die Höhle mit den SCHWEDENKRIEGEN des Jahres 1645 in Verbindung bringen.

Auch aus SCHMERBACH flüchteten die Einwohner und besonders die Frauen, als sie vom Herannahen der Schweden hörten. Da bot sich eine Höhle beim Kamp als sicheres Versteck an. Die Schweden waren aber schlauer, als man vielleicht angenommen hatte. Als sie in Schmerbach keine einzige Frau vorfanden, begannen sie zu suchen. Bald erreichten auch einige Soldaten den Eingang zur Höhle. Drinnen verharrtten ja nun wirklich die Frauen und hielten den Atem an, um nur ja nicht ein Geräusch von sich zu geben. Die Sonne schien gerade auf den Eingang zur Höhle und beleuchtete glitzernde Tautropfen in einem SPINNENNETZ, welches den ganzen Höhleneingang überspannte. Das dünkte den Soldaten als sicheres Zeichen, daß sich niemand in der Höhle aufhalte. Enttäuscht zogen sie wieder ab und verließen bald Schmerbach. Die Frauen waren gerettet und von dieser Begebenheit hat die Höhle ihren Namen erhalten.

Die Frauenlucke ist gleichfalls einer der ältesten Siedlungsplätze im Waldviertel und soll im Schwedenkrieg als Zufluchtsort gedient haben.

38. Die Kultstätte in Marbach am Walde

Westlich von MARBACH AM WALDE, einem Pfarrort in der Stadtgemeinde ZWETTL, befindet sich auf einem sanft ansteigenden HÜGEL hinter dem PFARRHOF eine weitläufige ANLAGE MIT MAUERRESTEN. Das kann als Hinweis auf Bauwerke aus lange vergangenen Jahrhunderten gewertet werden. Es ist das Verdienst des besonders strebsamen Heimatforschers und Lehrers HELMUT SAUER gewesen, auf diese Anlage hingewiesen zu haben.

Inmitten einer von Mauern umsäumten grasbedeckten Fläche wurde OHNE VERWENDUNG VON MÖRTEL aus massiven STEINBLÖCKEN, natürlich heimischer GRANIT, ein mächtiger STEINHÜGEL errichtet. An der VORDERSEITE erreicht er eine HÖHE von fast vier Metern, der obere DURCHMESSER beträgt etwas über sieben Meter. Von Durchmesser kann man freilich nur bedingt sprechen, da es sich um keine kreisrunde Oberfläche handelt, sondern diese eher einem Trapez ähnelt, dessen Eckpunkte stark gerundet sind. Von Süden her führen DREI AUFGÄNGE auf den Hügel. Die beiden seitlichen Aufgänge haben eine Breite von je zwei Metern, der mittlere ist zweieinhalb Meter breit. Oben vereinigen sich die Aufgänge und führen bis etwa zur Mitte des Hügels. Die Oberfläche des Hügels wird durch deutlich gesetzte Randsteine begrenzt.

Eine mit vielen Rätseln verbundene mystische Stätte befindet sich im Bereich von Marbach am Walde. Dieser Steinhügel hat es wahrhaftig in sich.

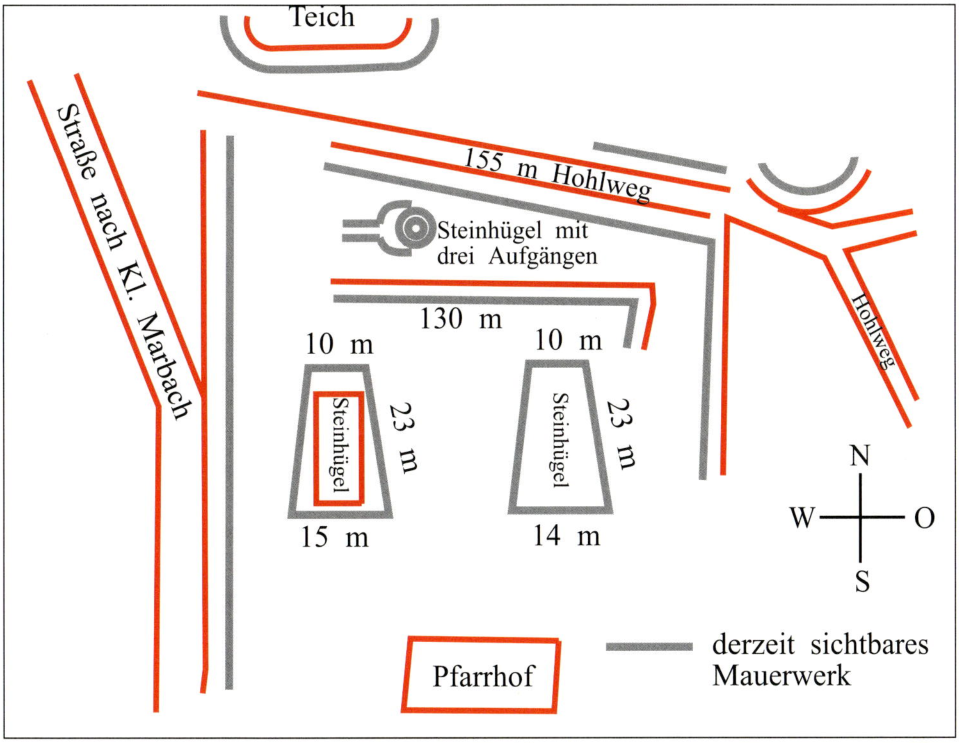

Ein Lageplan, der die Größe dieser durch Mauern eingefriedeten Anlage verdeutlicht. Beim Umbau des Pfarrheims vor Jahren wurden übrigens Holzwasserleitungengefunden. Im linken unteren Hügel befindet sich eine Zisterne, die aus der Romanik stammt. Über den rechten Hügel ist derzeit noch nichts bekannt.

Wir haben es hier tatsächlich mit einem BAUWERK zu tun und keineswegs mit einem ummauerten Erdhügel. Durch einen herausgebrochenen Stein an der Vorderseite sieht man nämlich, daß das Bauwerk durch ein interessantes RUNDBOGENGEWÖLBE abgeschlossen wird, das sozusagen die Decke des Hügels bildet.

Zu dieser Anlage ghören noch ZWEI WEITERE HÜGEL und die ERHEBUNG, welche das PFARRHEIM trägt. Im Inneren dieses Pfarrheimes befindet sich ein zwanzig Meter langer KELLER. An seinem hinteren Ende öffnet sich der Schacht einer sechs Meter tiefen ZISTERNE.

Da bislang keine wissenschaftlichen Untersuchungen vorgenommen wurden und daher keine Erkenntnisse und Ergebnisse über die fast zwei Hektar große Anlage vorliegen, könenn nur Vermutungen ausgesprochen werden.

Da sich das Mauerwerk um den oben beschriebenen Steinhügel nach Norden schließt und nach Süden öffnet, könnte auf eine KELTISCHE oder GERMANISCHE KULTSTÄTTE geschlossen werden. Sicherlich waren RELIGIÖSE MOTIVE beim Bau ausschlaggebend. Eine vorsichtige DATIERUNG läßt den Zeitraum von 300 vor Christus bis 400 nach Christus in Frage kommen.

Eine Öffnung ermöglicht Einblicke in den großen Steinhügel und läßt vielleicht einiges von seiner Bedeutung erahnen.

Eine Detailaufnahme von der Kultstätte bei Marbach am Walde. Vandalen versuchten in das Innere vorzudringen. Gut ersichtlich ist das innere Gewölbe, was darauf schließen läßt, daß diese Kultstätte innen hohl war oder ist.

Imposante Steingebilde befinden sich auch im Bereich von Hörweix in der Pfarre Marbach am Walde.

Auch ein Schalenstein, auf welchem sich gleich mehrere schalenförmige Vertiefungen befinden, darf im Gebiet von Hörweix nicht fehlen.

39. Der Kirlingstein bei Wurmbrand

Der KIRLINGSTEIN befindet sich im Walde an der Grenze zwischen BÖHMSDORF und SITZMANNS im Pfarrbereich von WURMBRAND. Das Steingebilde wurde von der NÖ Landesregierung zum NATURDENKMAL erklärt. Es besteht aus vier großen Steinblöcken, auf welchen ein riesiger Laib etwas schief darauf liegt. Der DURCHMESSER dieses Laibes beträgt fünf Meter. Das gesamte Steingebilde erreicht eine HÖHE von sechs Metern Mittels einer Holzleiter kann man leicht die Oberfläche ersteigen und dann die seltsame SCHALE, die immer mit WASSER GEFÜLLT ist, sehen.

Der LEGENDE nach hat auch hier MARIA auf ihrem Weg durch das Waldviertel GERASTET. In der Schale des Steines hat sie die Windeln des Jesusknaben gewaschen und seither hält sich immer HEILKRÄFTIGES WASSER in dieser Vertiefung im Stein.

Hier wollte man einmal dem RÄTSEL DES WASSERS IN DER STEINSCHALE auf die Spur kommen, es ist aber nicht gelungen. Denn als man die Schale ausschöpfte und Tage lang kein Regen fiel, war sie dennoch wiederum mit Wasser gefüllt. Rätsel über Rätsel, die den Ruf des KIRLINGSTEINES als MYSTISCHE STÄTTE zweifellos rechtfertigen.

Eine überaus bemerkenswerte Gesteinsformation ist der imposante Kirlingstein bei Wurmbrand.

Auch in der Schale des Kirlingsteines hält sich das Wasser und spiegeln sich zauberhaft die Wipfel der umgebenden Bäume.

Auch das WASSER in der SCHALE des KIRLINGSTEINES ist heilkräftig bei AUGENLEIDEN. Ferner soll es wegmüden Wanderern helfen, damit ihre Beine die MÜDIGKEIT verlieren. Auch ist überliefert, daß das Wasser Mädchen helfen soll, SCHÖNHEIT zu gewinnen.

WURMBRAND ist aber auch noch in anderer Hinsicht für den mystischen Bereich bedeutungsvoll. Befindet sich doch in anderer Richtung die PANKRAZIKAPELLE, verbunden mit dem PANKRAZIBRÜNDL. Angeblich soll die Kapelle schon lange vor 1500 von einem Müller errichtet worden sein. Tatsächlich wird sie in einem URBAR erwähnt, das zwischen 1425 und 1500 angelegt wurde. Die Kapelle besaß päpstliche ABLAßBRIEFE, wurde aber 1785 aufgelassen und in ein WOHNHAUS umgewandelt. Verehrt wurde wahrscheinlich ein heute verschollenes Standbild des heiligen PANKRATIUS. Die Quelle war einst als HEILQUELLE bedeutsam, was vor der Jahrhundertwende durchaus noch in Erinnerung gewesen ist. PANKRATIUS gilt als Patron bei BURGKAPELLEN und auch bei WURMBRAND scheint das zuzutreffen, steht doch die Kapelle auf einem dreifach abgestuften HAUSBERG, dem vermutlichen Standort der einstigen BURG.

Der ORTSNAME WURMBRAND würde ja auch Anlaß zu Spekulationen geben. Man könnte annehmen, daß sich hier ein Wald voller Würmer, also SCHLANGEN, befunden hat, den man niederbrennen mußte, um all das Ungetier zu vernichten.

40. Die Steinpyramide bei Oberneustift

Mystisch steht sie da, mit ihren fünf Steinkreisen und sorgt für großes Rätselraten in der Fachwelt. Was ist das Geheimnis dieser Pyramide? Wozu diente sie? Ist sie ein Grabmal?

Eine der RÄTSELHAFTESTEN RUINEN des Waldviertels ist die STEINPYRAMIDE am sogenannten *„STEINBERG"*, ca. sechs km nordwestlich von Zwettl, nahe dem *„ETZENER TEICH"* bei Etzen. Der Steinberg ist 726 m hoch. Auf der höchsten Stelle steht ein SELTSAM GEFORMTER RUNDBAU aus Stein. Die Form entspricht einer KEGELSTUMPFPYRAMIDE MIT FÜNF KREISRINGEBENEN in den Maßen vierzehn Meter (breit) mal sieben Meter (hoch).

Die PYRAMIDE ist auf zwei Seiten in relativ gutem Zustand und ZUR GÄNZE AUS STEINEN, die an der Außenkante behauen wurden. Wahrscheinlich war sie nach der Fertigstellung mit Lehm verschmiert und sorgte so am wahrscheinlich DAMALS ABGEHOLZTEN HÜGEL FÜR BEEINDRUCKENDE STIMMUNG.

Nördlich der PYRAMIDE sind Mauerreste zu finden, die auf eine größere Anlage schließen lassen. Die Pyramide könnte KELTISCHEN ODER GERMANISCHEN URSPRUNGS (CA. 1500 - 2000 JAHRE ALT) sein und ist in ihrer Bauart in Mitteleuropa einmalig. Da die ringsherum liegenden Berge alle höher sind, ist die gängige Theorie, es handelt sich hier um einen SOGENANNTEN KREIDE- ODER FEUERBERG, KAUM haltbar. Es besteht keinerlei Sichtverbindung zum Guttenberg oder Arbesberg. Wahrscheinlicher ist es, daß es sich um eine Kultstätte oder um ein Grabmal handelt. Für diese These spricht die sehr aufwendige architektonische Form dieses Steinbaus. Die Größe, das Volumen (ca. 230 m3) und die Höhe der einzelnen Kreisringe, welche nicht spiralförmig verbunden, sondern in sich geschlossen sind, sprechen für kultisch-rituellen Hintergrund. Die Höhe der einzelnen Ebenen ist zwischen 1 m und 1,20 m. Wenn man die Größe der damaligen Bewohner des Waldviertels bedenkt, kann diese Steinpyramide kaum als Aussichtswarte, unter keinen Umständen jedoch zum Begehen gebaut worden sein.

Das „*magische*“ Dreieck Marbach/Walde/Hörweix/Steinberg läßt viele Fragen offen. Mit den Waldviertler Erdställen und dem „Wächter des Waldviertels“ bei Grafenberg zählen diese „mystischen Stätten“ zu den rätselhaftesten. Viele Fragen bleiben beim derzeitigen Wissensstand ungeklärt.

An dieser Stelle soll darauf hingewiesen werden, daß sich der Zustand der Pyramide seit Jahren rapide verschlecht. Trotz eindeutiger Aussage des Bundesdenkmalamtes über die „Erhaltungswürdigkeit“ scheint dieses wichtige Kulturgut für die zuständigen Politiker unwichtig. Trotz oftmaliger Interventionen des Autors dieser Zeilen kam eine Bestandssicherung bis heute nicht zustande. Die Steinpyramide wird die nächsten Jahre leider nicht überleben.

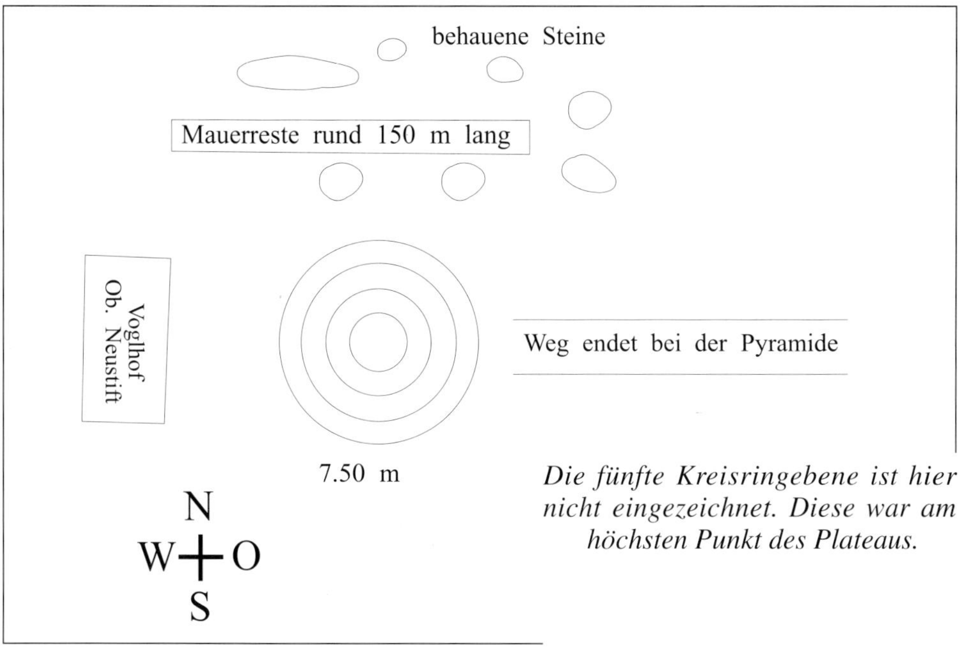

Hier ein übersichtlicher Lageplan über den Standort der Steinpyramide. Rechts der geradewegs zur Pyramide führende Weg. Im Norden die Reste der Steinmauern (Reste eines Kultbezirks?) und unzählige kleine Steinhügel mit Absplitterungen. Hier wurden die verwendeten Steine behauen.

Die Pyramide im Winter. Hier wird die imposante Größe augenscheinlich. Es muß Monate gedauert haben, dieses Monument aus Stein zu bauen.

41. Das Frauhaus bei Großschönau

Begibt man sich von Grossschönau auf der nunmehr schon ganz alten Straße nach Mistelbach und wandert bei Haus Nr. 13 in Mistelbach den „*Windhagweg*“ in Richtung Oberwindhag, also in südwestlicher Richtung, weiter, so kommt man nach etwa einem Kilometer zu einer Weggabelung. Hier biegt man links ab und der kleine Weg verliert sich allmählich. Nach knapp fünfhundert Metern ist man beim Frauhaus angelangt, einer eindrucksvollen Steingruppe voll aufgetürmter Felsen, die alle absonderliche Formen haben. Teilweise gibt es auch Höhlen und Hohlräume.

Der Überlieferung nach sollen hier einst drei Frauen einige Monate lang gehaust haben. Von der Mistelbacher Bevölkerung wurden sie mit den notwendigen Lebensmitteln gut versorgt. Eine andere Überlieferung besagt, zwei adlige Damen von Burg Harmannstein haben hier während der Schwedenkriege Schutz gefunden. Als Dank für ihre besondere Hilfsbereitschaft erhielt die Gemeinde Mistelbach von diesen beiden vornehmen Damen den großen „*Bannwald*“ zwischen Harmannstein und Oberwindhag gewidmet.

Das Frauhaus bei Großschönau soll adligen Damen in kriegsreicher Zeit als sicheres Versteck gedient haben.

WALTER PONGRATZ hat die HISTORISCHEN HINTERGRÜNDE zu dieser SAGE zu erforschen gewußt. MISTELBACH gehörte bis zum 18. Jahrhundert zum Kloster der Dominikanerinnen von IMBACH. Es wäre durchaus möglich, daß zwei adlige NONNEN dieses Klosters aus Anlaß eines Besuches oder der Durchreise bei Mistelbach von Feinden überrascht wurden und in der Steinhöhle, also im *„FRAUHAUS“*, ZUFLUCHT gefunden haben. Der besagte BANNWALD kam tatsächlich vom KLOSTER an die GEMEINDE. Allerdings waren die Rechtsverhältnisse ein wenig anders. Ursprünglich war der *„Bannwald“* Gemeindebesitz. Im 17. Jahrhundert meldete aber Kloster Imbach Besitzansprüche an. 1748 verkaufte dann das Kloster den *„Bannwald“* an die Gemeinde Mistelbach.

Ein gutes Beispiel dafür, daß es der SAGE auf GESCHEHNISSE und BILDER ankommt, NICHT ABER auf die CHRONOLOGISCHE TREUE. Es ist natürlich unmöglich, daß zwei Damen aus der Schwedenzeit ein Jahrhundert später noch lebten. Die Sage macht aus dem Verkauf eine Schenkung, Imbach wird zur Burg Harmannstein. SAGE IST EBEN KEINE GESCHICHTSSCHREIBUNG, sondern hat andere Kriterien der Wahrhaftigkeit und Glaubwürdigkeit.

42. Spuren des Henkerwagens bei Greillenstein

„Als einmal, vor vielen Jahren, der Greillensteiner Teich abgelassen wurde, fand man am Grunde die Leiche eines Mädchens, das einen Stein um den Hals gebunden hatte. Der Verdacht, diesen schrecklichen Mord begangen zu haben, fiel auf den Geliebten des Mädchens, einen Gärtner. Trotzdem der seine Unschuld beteuerte, wurde er zum Tode verurteilt. Als nun der Verurteilte auf dem Armensünderkarren über ein Feld zur Richtstätte geführt wurde, bat er Gott, ein Zeichen geschehen zu lassen, wodurch man seine Unschuld ersehen könne. Aber es ereignete sich nichts dergleichen. Als jedoch im nächsten Jahre das Feld bebaut wurde, stand das Getreide in dem durch die Räder des Karrens gefurchten Boden-Streifen höher als im übrigen Felde, und das geschah Jahr für Jahr. Dreißig Jahre waren so vergangen, da erkrankte der Röhrenbacher Schmied auf den Tod; bevor aber der eintrat, gestand der Schmied, daß er der Mörder des Mädchens war. Noch heute zeigt ein Streifen auf dem Felde, wo das Getreide üppiger gedeiht als nebenan, die Spur, die einst der Karren mit dem unschuldig Verurteilkten im Boden zurückgelassen hatte.“

Der Glaube daran, daß PFLANZEN DIE SCHULD ODER UNSCHULD EINES MENSCHEN ANZEIGEN können, findet sich immer wieder. Hierher gehören alle Vorstellungen, daß UNSCHULD VERDORRTES GEHÖLZ ZUM GRÜNEN und Blühen bringt. Das zeigt sich etwa bei der LEGENDE des heiligen KOLOMAN, die Weidenzweige, mit denen man ihn aufgehängt hat, beginnen wieder zu grünen und zeigen so die Unschuld des fremden Pilgrims an. Der sündige Mann, der von einem Priester Lossprechung erbittet, diese aber hicht erhält, stößt seinen DÜRREN PILGERSTAB auf dem FENASBERG BEI KIRCHBERG AM WALDE in die Erde und siehe da, ein Jahr später ist daraus ein grüner LEBENSVOLLER BAUM geworden, womit sich zeigt, daß Gott dem Sünder vergeben hat. Denken wir dabei auch an das ADVENTLIED, das besagt, daß Maria den werdenden Jesusknaben unter ihrem Herzen durch Den Dornwald getragen hat - *„DA HABEN DIE DORNEN ROSEN GETRAGEN“* Das Wunder ist hier gleichsam ein doppeltes, es erblühen aus Dornen Rosen und das noch zu einer Jahreszeit, die keine Blüten kennt.

BÄUME können aber auch mithelfebn, einen SCHULDIGEN offenkundig zu machen, ja ihn sogar zu bestrafen. So weiß FRANZ KIESSLING von einem BIRNBAUM zu erzählen, der einen Mörder erschlägt, indem er seine Äste bewegt und hierauf ein Stein aus dem Geäst auf den Mörder fällt.

Bis heute sieht man bei verschiedenartigem Bewuchs, also in Wiese und Feld, die Spuren des Henkerwagens, auf denen vor dreihundert Jahren ein unschuldiges Opfer zur Hinrichtung geführt wurde. Hier führt die Grasnabe in der Mitte in Schlangenlinien zum Steintor.

Einen Ursprung dafür kann man in der im GERMANISCHEN, aber auch im KELTISCHEN Bereich, tief verwurzelten BAUMVEREHRUNG SEHEN, die auch für andere Pflanzen gegolten hat (denken wir an den bei der Erläuterung von MARIA TAFERL als Vergleichsbeispiel angeführten Bericht von CÄSAR über die Weigerung seiner Soldaten, einen gallischen Baumhain mit kultischer Bedeutung zu fällen). Das bewirkte auch, daß BAUMFREVEL und die boshafte Beschädigung von Bäumen streng bestraft wurden. Das lebt ja auch noch in der Gründungslegende von Maria Taferl in verchristlichter Form fort, das Schlägern der alten Eiche führt zu Verletzungen, weil diese bereits unter dem besonderen Schutz der Gottesmutter bestanden hat.

Hierher gehört aber auch die Vorstellung von LEBENSBÄUMEN. Das Gebiet um den JAUERLING war im Besitz des Kaiserhauses, der HABSBURGER. Auf der Kuppe des Jauerlings sollen einmal für DREI ERZHERZOGE Bäume gepflanzt worden sein, drei Linden.

Als erster wurde MAXIMILIAN, den man zum Kaiser von Mexiko gemacht hatte, 1864 HINGERICHTET, da STARB der ihm zugedachte BAUM ab. Sein Bruder LUDWIG trank etwa drei Jahrzehnte später bei einem Besuch von Jerusalem Jordanwasser und starb hierauf an der Ruhr. Da begann auch der ihm gewidmete Baum abzusterben. Prächtig gedieh allerdings der dritte Baum, war er doch KAISER FRANZ JOSEPH gewidmet. Als dieser jedoch nach mehr als sechzigjähriger Regierungszeit 1916 verschied, verdorrte auch dieser Baum allmählich.

Gehen wir einen Schritt weiter: BAUMPFLANZUNGEN und BAUMSETZUNGEN sollen einerseits Gutes bedeuten, im Sinne eines GLÜCKWUNSCHES, sowie auch eine EHRUNG sein, anderseits die Erinnerung an eine Persönlichkeit aufrecht erhalten, also sozusagen ein Weiterleben bewirken. Der Baum wird zum Symbol, wie er wächst und grünt, so soll das ANGEDENKEN an eine verdiente Persönlichkeit WEITERLEBEN. Auf der einen Seite haben wir BAUMSETZUNGEN im JAHRES- UND LEBENSBRAUCHTUM, wie den MAIBAUM und KIRTAGBAUM, im Gebiet des WEINSBERGWALDES und seiner Ausläufer den SONNWENDBAUM oder aber BRAUTBÄUME, als deren weitere Entwicklung oder Ersatzform man wohl den „*SCHWIBOGEN*“ beim Haus der Braut ansehen kann. BAUMPFLANZUNGEN hat es immer wieder gegeben, von BÄUMEN ZUM REGIERUNGSJUBILÄUM KAISER FRANZ JOSEPHS über SCHUBERTLINDEN und SCHILLEREICHEN, bis zu Bäumen, die man zu Ehren des „Führers“ ADOLF HITLER gepflanzt hat.

Das mag nun ein weiter Gedankensprung sein, vom Unschuld anzeigenden Getreide bis zum Gedenkbaum. Dennoch liegt all dem eine ANALOGE GLAUBENSVORSTELLUNG zugrunde. PFLANZEN erleben sozusagen STELLVERTRETEND das SCHICKSAL VON MENSCHEN, können dieses BEEINFLUSSEN oder WIEDERGEBEN. Beeinflußen dergestalt, daß man eben glaubte, ein wachsender Baum sei als stellvertretend anzusehen für das Leben bzw. Weiterleben einer Person und wiedergebend in dem Sinne, daß der Baum oder im Falle von Greillenstein das Getreide, die Feldfrucht, das Innerste eines Menschen offenbart. Blühend und grünend wie die Pflanze soll seine Unschuld sein, die er selbst nicht beweisen kann, was eben an seiner Stelle stellvertretend dann die Pflanze leistet.

43. Die Steinerne Stube bei Großschönau

Entlang des WÜNSCHELRUTENWEGES von GROSSSCHÖNAU aus gelangt man, vorbei an nach den Wasseradern gedrehten Bäumen und rätselhaften, geheimnisvollen STEINKREUZEN und Blitzbäumen, zur „STEINERNEN STUBE". Ausgangspunkt ist der auch als Festplatz beliebte KREUZBERG. Man begibt sich in Richtung OBERWINDHAG und das ROMANISCHE STEINKREUZ von besonderer Schönheit und Ausdruckskraft ist mit einer SAGE verbunden, welche von drei Fleischhauern berichtet, die in dasselbe Mädchen verliebt waren und sich aus Eifersucht gegenseitig umbrachten.

Etwa nach zwei Kilometern zweigt rechts ein FUSSSTEIG ab, der zur GROSSEN und KLEINEN STEINEREN STUBE führt. Ein mächtiges Felsgebilde, das teilweise schon in der Nachbargemeinde Weitra, also in der KG OBERWINDHAG, liegt.

Mächtig sind gewaltige Blöcke aufgetürmt, welche wie glatt behauen erscheinen. Wieder fragt man sich, ist es ein Spiel der Natur oder hat die Menschenhand nachgeholfen. Auf jeden Fall sind es richtige STEINERNE STUBEN, in welchen sich ein Mensch aufhalten kann.,

Hat dieses Steingebilde KULTISCHEN ZWECKEN gedient? Dann müßte es doch wenigstens erfahrungsgemäß eine Steinschale geben. Das ist aber überhaupt nicht der Fall. Also wieder einmal Rätsel und ungeklärte Fragen, welche aber gerade die Beschäftigung mit den mystischen Stätten so interessant und direkt spannend gestalten.

Eine überaus bemerkenswerte Gesteinsformation ist die Steinerne Stube bei Großschönau.

Eine Detailaufnahme der Steinernen Stube zeigt Höhlenbildung und Gangausbildung in sehr anschaulicher Weise.

Das romanische Steinkreuz im Bannwald bei Großschönau stimmt nachdenklich und ermahnt zur Einkehr.

44. Das Skorpionssteingebilde bei Kautzen

Als UNGELÖSTES RÄTSEL MIT KOSMISCHEN DIMENSIONEN wird immer wieder von einigen Fachleuten das SKORPIONSSTEINGEBILDE bei KAUTZEN bezeichnet.

Auf einer HÜGELKUPPE westlich von ENGELBRECHTS am Rand des GRENZWEGES ist zwischen Fichten und Föhren, Birken und Heidelbeergesträuch eine seltsame STEINFORMATION eingebettet. Gegen Ende der Siebzigerjahre wurde dieser Stein so richtig *„entdeckt"* und von Liebhabern der ESOTERIK untersucht.

Ein WÜNSCHELRUTENGÄNGER erkannte bald, daß bei einigen Steinen außergewöhnliche ENERGIEFELDER vorhanden sind. Derartige Energiefelder sind sonst nur bei alten KIRCHEN- ODER TEMPELANLAGEN in KLEINASIEN anzutreffen.

OPFERSTEINE mit BLUTRINNEN, ein ENERGIESTEIN, ein WARZENBRÜNDL, das bei Neumond lästige Warzen verschwinden lassen soll, weiters ein SCHALENSTEIN mit zwei benachbart liegenden Schalen, von denen aber nur eine mit Wasser gefüllt ist - all das gab RÄTSEL genug auf und bildete somit den Anlaß zu genaueren UNTERSUCHUNGEN und wissenschaftlicher Beschäftigung.

So richtig aus dem Dornröschenschlaf wurden die Steine aber durch den Architekten MANFRED STEIN gerissen. Dieser erkannte nämlich nach der Einsichtnahme in einen LAGEPLAN DER STEINE, daß deren Lage ganz genau dem STERNBILD DES SKORPIONS im Weltall entspricht. Es fehlte damals nur ein Stein der rechten Schere. Aber auch diesen gibt es, nach Grabungen wurde er nämlich unter einem Dickicht gefunden.

Der *„PLATZ DES SKORPIONS"* offenbarte nach und nach eine TIEFERE BEDEUTUNG. Von einer vollständigen Klärung ist man leider noch sehr weit entfernt. Aber immerhin entsteht ein faszinierendes, farbenreiches Mosaik, zu welchem immer mehr Teilchen zusam-

Der „Energiestein" ist ein wichtiger Bestandteil des Skorpionssteingebildes bei Kautzen.

Eine überaus stimmungsvolle Waldlandschaft trägt bei zur geheimnisvollen Aura des Skorpionssteingebildes.

mengetragen werden. Diese ergeben sich aus Hinweisen, Literaturstudium, dem Entdecken von Querverbindungen, etc.

Eine SAKRALGEOGRAPHISCHE VERFLECHTUNG mit verschiedensten Kultstätten sowie GEOMANTISCHE HINTERGRÜNDE haben sich allerdings inzwischen eindeutig nachweisen lassen. Der Besuch des Skorpionssteines lohnt sich auf jeden Fall, umgibt diesen Platz doch eine besonders geheimnisvolle Aura.

Eine Besonderheit des Skorpionssteingebildes ist dieser Schalenstein. In seiner linken Schale hält sich das Wasser, in der rechten aber nicht.

45. Ein Teil des Skorpionssteines bei Kautzen

Kenner auf dem Gebiet der Esoterik berichten von einer besonderen spirituellen Qualität, wenn sie über den Platz des Skorpions sprechen. Das gesamte Steingebilde, welches ja aus mehreren Granitrestlingen besteht, gibt Rätsel genug auf.

Der *„Energiestein"* als wichtiges Zentrum saugt durch seine symmetrischen Schlitze kosmische Energie von oben auf und gibt sie an der Vorderseite wieder ab.

Das *„Warzenbründl"* heilt durch sein heiliges Wasser in einer der beiden Steinschalen.

Der *„Fruchtbarkeitsstein"* mit Liege- und Sitzmulde für die Hebamme oder im heidnischen Kulturkreis für die Priesterin gedacht, verdeutlicht die Geburt als Ursprung des Lebens.

Die einzelnen Opfersteine wurden vermutlich für einen religiösen Ritus verwendet.

Rein wissenschaftlich betrachtet, handelt es sich hier um eine weitreichend geomantische Verflechtung, welche eine Verbindung zu den Kirchen von Heidenreichstein, Gmünd, Weitra, St. Martin, Neumarkt im Mühlviertel, Linz, Gmunden und über den Großglocknergipfel hinaus bis San Candido (Innichen) in Südtirol in einer südwestlich verlaufenden Linie herstellt.

Die *„astronomische"* Anordnung in Form des Skorpions läßt nur vermuten, daß dieser Ort der Kraft eine Besonderheit in früherer Zeit darstellte. Sicher hatte dieser Platz auch für die Kelten eine religiös-spirituelle Bedeutung der besonderen Art.

Auch der „Fruchtbarkeitsstein" mit seinen eindrucksvollen Mulden gehört zum Gebilde des Skorpionssteines bei Kautzen.

46. Der Schwedenstein bei Schwarzenau

In der ehemaligen SANDGRUBE westlich der Straße von SCHWARZENAU nach MODLISCH befindet sich ein seltsam geformter Stein. Er sieht wie eine KUGEL aus, der man einen RING aufgesetzt hat.

Ein knapp über einen Meter hohes Steingebilde ruht auf einem runden Sockel auf. In halber Höhe weist es einen UMLAUFENDEN KRAGEN auf. Auf diesem baut sich eine flechtenbewachsene, runde, HALBKUGELFÖRMIGE KUPPEL auf. Irgendwie erinnert dieser Stein an einen kleinen Bauernkachelofen.

Der Stein besteht aus heimischem Granit. Und zwar ist es GROB PORPHYRISCHER GRANIT VOM TYPUS RASTENFELD. Aus diesem wittern einige bis zu mehreren Zentimetern lange FELDSPATSPRENGLINGE heraus. Der KRAGEN hingegen besteht aus hellem, an QUARZ und FELDSPAT reichem GANGGESTEIN, also Aplit. Auch an der RÜCKSEITE ist ein wenige Zentimeter breiter APLITGANG, der schräg aufwärts den Granit durchsetzt, vorhanden.

Das nicht nur von seiner FORM her, sondern wohl noch mehr durch seine GEOLOGISCHE ZUSAMMENSETZUNG sehr interessante Steingebilde wurde 1935 zum NATURDENKMAL erklärt.

Wieso der Stein zu dem NAMEN *„SCHWEDENSTEIN"* gekommen ist, weiß niemand. Leider gibt es KEINE diesbezügliche SAGE.

In der Wallfahrtskirche von SONNTAGBERG bei Waidhofen an der Ybbs befindet sich

Wie der Schwedenstein bei Schwarzenau zu seinem Namen gekommen ist, kann niemand mehr sagen.

Eine Nahaufnahme zeigt den kuriosen Steinkranz aus Aplit.

ein großes VOTIVBILD. Man sieht darauf in der Mitte die ALLERHEILIGSTE DREIFALTIGKEIT, flankiert von der GOTTESMUTTER und dem Schutzpatron in Feuersgefahr, dem heiligen FLORIAN. Darunter bedindet sich eine liebevoll ausgestaltete ANSICHT VON SCHLOß UND ORTSCHAFT SCHWARZENAU, wobei über dem Ort dicke RAUCHSCHWADEN liegen, die bis zum Bild der Dreifaltigkeit aufragen. Der Gastwirt LEOPOLD SCHALLER hatte dieses Bild gestiftet. SCHWARZENAU wurde am 25. März 1835 von einem schrecklichen BRAND heimgesucht. Dieser brach im HERRSCHAFTLICHEN MAIERHOF aus und zwar ziemlich genau zur Mittagsstunde. 18 Häuser brannten nieder und wurden zu Asche verwandelt. Dem ganzen Orte drohte Vernichtung. Eben waren gerade die Scheune beim Gasthof, wohl jenes Leopold Schaller, und zwei andere Häuser in Flammen aufgegangen, als sich endlich die FÜRBITTE BEI DER ALLERHEILIGSTEN DREIFALTIGKEIT als segensvoll erwies. Diese Häuser konnten gerettet werden und der furchtbare Brand nahm ein Ende. Zur SCHULDIGEN DANKSAGUNG wurde das BILD in der Wallfahrtskirche auf dem SONNTAGBERG angebracht.

Noch in einer Hinsicht ist SCHWARZENAU für die SAGENFORSCHUNG wichtig. Einer der Herrschaftsbesitzer im 16. Jahrhundert, REICHART STREUN VON SCHWARZENAU, war ein großer Gelehrter, der sich auch mit der Vergangenheit beschäftigte. Seine SAGENSAMMLUNGEN betreffen allerdings nicht das Waldviertel, sondern den Bereich um den bekannten Sagenberg im südlichen Niederösterreich, den ÖTSCHER.

47. Der Wackelstein bei Amaliendorf

Eine besondere Art der steinernen Naturdenkmäler sind die „*WACKELSTEINE*". Man bezeichnet damit Felsbrocken von oft gewaltiger Größe, die derart auf einer kleinen Steinunterlage im STABILEN GLEICHGEWICHT aufliegen, daß man sie oft mit einer nur GERINGEN KRAFTANSTRENGUNG in SCHWINGENDE BEWEGUNG setzen kann. Andererseits aber ist menschliche Kraft zu schwach, um diese Steine zum Absturz zu bringen.

Das alles trifft voll und ganz für den wohl SCHÖNSTEN WACKELSTEIN IM WALDVIERTEL zu. Er befindet sich mitten im Wald etwas oberhalb seitlich des WALDWEGES, der von AMALIENDORF nach SCHREMS, durch die ehemaligen Wälder der HERRSCHAFT SCHREMS, führt. Vom GEMEINDEAMT in AMALIENDORF zeigt ein Wegweiser genau die etwas über einen Kilometer lange Wegstrecke an.

Der Wackelstein wiegt ungefähr 105 Tonnen. Faßt man ihn aber an der richtigen Stelle an, so kann ihn EINE PERSON leicht in schwingende BEWEGUNG versetzen. Der Wackelstein erreicht eine Höhe von dreieinhalb Metern und ist etwa fünf Meter lang. Zum NATURDENKMAL wurde er 1927 erklärt.

Die SAGE weiß zu berichten, daß hier einmal zwei Steine nebeneinander gelegen sind. Der TEUFEL hatte es besonders eilig, wieder einmal arme Seelen zu fangen. Da stolperte er über den einen Stein und dieser schnellte derart empor, daß er in seiner heutigen Lage liegen blieb.

Der wohl schönste und größte Wackelstein des Waldviertels befindet sich unweit der Ortschaft Amaliendorf in einem stimmungsvollen Waldstück, umgeben von allerlei seltsamen Felsgebilden.

Besucher des Wackelsteines bei Amaliendorf haben sich offensichtlich mit ihren Initialen verewigt.

An den Stein knüpft sich auch der Brauch, daß Leute, welche einen „*HEXENSCHUSS*" haben, BEI ABNEHMENDEM MOND an der Stelle HINDURCHKRIECHEN, wo der Ober- mit dem Unterstein einen recht ENGEN WINKEL bildet. Dadurch soll man von dem schmerzhaften Übel befreit werden.

Der Wackelstein liegt nicht isoliert mitten im Wald, ihn umgeben allerlei gewichtige und auch seltsam geformte Blöcke. Viele sind auch der STEINBEARBEITUNG zum Opfer gefallen, hat man doch zuerst die weicheren „*WALDSTEINE*" verarbeitet, also die oberirdisch liegenden, schon verwitterten Blöcke. Dann hat man erst den Granit abgebaut, der in die Tiefe reicht und der natürlich härter ist. Unweit des Wackelsteins befinden sich ja noch die Reste so eines alten STEINBRUCHES.

Bei den Steinen rund um den Wackelstein kann man auch RINNEN, SCHALEN und zumindest eine SITZSCHALE vorfinden.

All das bildet seit etwa einem halben Jahrhundert die eindrucksvolle und ungemein stimmungsreiche Naturkulisse zum wohl schönsten Naturfest des nördlichen Waldviertels, zum WACKELSTEINFEST der überaus rührigen ORTSFEUERWEHR von Amaliendorf.

Heute befindet sich in dieser Waldung auch eine HOLZPLASTIK, welche die urhafte Gestalt des ERSTEN WALDVIERTLERS zeigt. WOLFGANG KAINDL, gebürtiger Oberösterreicher, aber schon seit Jahren in Amaliendorf ansässig, stellt sich so die Ureinwohner unserer Heimat vor. KAINDL ist überhaupt ein hochbegabter Holzbildhauer und auch einfallsreicher SCHRIFTSTELLER mit satyrischer, zeitkritischer Lyrik.

Zu Kaindl findet man in der Bezirkskunde von Gmünd einen Lebenslauf, vom „GOKULORUM" allerdings fehlt er. Aber dieser ist auch eng mit dem Ort Amaliendorf ver-

Ein anderer wuchtiger Granitblock in den Wäldern seitlich von Amaliendorf in Richtung Schrems ist der Wasserstein.

bunden. Hat er hier doch wesentliche Teile seines Lebens verbracht. KARL KASIMIR HENNINGER, auch HÖNINGER genannt, war ein FINDELKIND und kam vermutlich aus WIEN zu Pflegeeltern nach AMALIENDORF. Wie es damals üblich war, mußte er schon im zarten Knabenalter Vieh hüten. Dabei hatte er Zeit, sich mancherlei Kunststücke und Zaubereien auszudenken. Bald wurde er als ZAUBERKÜNSTLER und MAGIER weithin, auch über Österreich hinaus, bekannt. Sogar vor dem KAISER ist er aufgetreten, der ihn mit ein Paar Goldstücken belohnte und ihm den Titel *„PROFESSOR GOKULORUM"* verliehen haben soll. 1881 ist der *„GOKULORUM"*, wie man ihn nur mehr nannte, verstorben. Viele lokale Schriftsteller, von PHILLIP SCHUH, der sich WALDBACH nannte, über JOSEF ALLRAM bis zum Mystiker der Waldviertler Dichtung JOSEF PFANDLER haben sich mit der Person des Gokulorum beschäftigt, teils in PROSA, teils in kleinen THEATERSTÜCKEN, so *„GOKULORUM ODER GEIZ MACHT DIEBE"* von JOSEF PFANDLER. So viel Gokulorum angestellt hat, geschadet hat er nie jemandem damit. Im Gegenteil, manchem armen, aber rechtschaffenen Menschen hat GOKULORUM, wohl seiner eigenen bescheidenen Herkunft und Kindheit eingedenk, ZUM GLÜCK VERHOLFEN. So kann der *„Gokulorum"* durchaus als Vorbild für Optimismus, Ideenreichtum und Originalität angesehen werden, Kräften, die auch heute im Waldviertel gefragt und vertreten sind.

48. Die Pumperskirchen bei Neunagelberg

Wo die alte *„Kaiserstrasse"* von Wien nach Prag, die schon Maria Theresia, die Kaiser Franz und Ferdinand, aber auch Wolfgang Amadeus Mozart auf seiner bekannten Reise nach Prag befahren haben, die Schmalspurbahn von Gmünd nach Litschau bzw. Heidenreichstein kreuzt, führt ein breiter Waldweg in südöstliche Richtung. Nach etwa einem Kilometer langt man bei absonderlich geformten Granitblöcken an, welche den Namen *„Pumperskirchen"* führen. Das Steingebilde erreicht eine stolze Höhe von fünfzehn Metern. Auf seiner Oberfläche befinden sich zwei Vertiefungen mit 1,2 und 0,6 Metern Durchmesser. Die größere Schale ist in der Form einer Ente ausgebildet und immer mit Wasser gefüllt. Einzelne Felsblöcke bilden Türme, dazwischen ergeben sich deutliche Kreuzmusterungen, ein ausgebrochener Block hinterließ eine Art „Kanzel".

Der Sage nach soll sich hier einmal eine richtige Kirche befunden haben. Die reichen Glashüttenbesitzer wurden aber übermütig und zur Strafe dafür wurde ihre Kirche zu großen Steinblöcken. Außerdem spalteten Blitzschläge die Steinblöcke kreuz und quer. Der große Steinblock, auf welchem sich die schüsselförmigen Vertiefungen befinden, soll die ehemalige Apsis der kirche gewesen sein, in welcher der Hochaltar gestanden hat. Die Pumperskirchen wurde 1927 zum Naturdenkmal erklärt.

Das ist allerdings nicht die einzige seltsame und sagenumwobene Gesteinsformation im Nagelberger Teil der Marktgemeinde Brand-Nagelberg. Geht man neben dem Teich

Aus größerer Entfernung kann man die beachtlichen Dimensionen der Pumperskirchen bei Neunagelberg ausnehmen.

Die eigentliche Pumperskirchen bildet das Zentrum einer ausgedehnten Blockformation bei Neunagelberg.

in Altnagelberg in die Richtung zum Wald, gelangt man am Beginn des Waldes bereits zu einem gewaltigen FELSAUFBAU. Dieser mächtige Granitstock heißt HINTERPOCHER. Die einprägsamen Felsblöcke bilden mit dem anschließenden Fichtenbestand und dem zwischen den Felsen sich durchzwängenden kleinen Bächlein einen interessanten, düsteren, kesselartigen Talabschluß.

Der SAUBACH gräbt seinen Lauf zwischen die Felsblöcke, durch ein richtiges BLOCKFELD, welches von DREI TURMARTIGEN GEBILDEN bekrönt und abgeschlossen wird. Der MITTLERE TURM ist etwa fünf Meter hoch und weist eine durch SCHICHTUNG besonders ausgeprägte Form auf. Beim ÖSTLICHEN TURM trägt die NORDSEITE die in den Stein eingemeißelte Inschrift: *„Mein Vater F. Weigl, F. W. 1818"*. Die Familie WEIGL war Besitzer der GLASHÜTTE in ALTNAGELBERG ab 1809, dann folgte ab 1847 CARL STÖLZLE, zuerst als Pächter und dann als Besitzer. ANTON WEIGL erbaute auch 1816 die GLASHÜTTE in NEUNAGELBERG.

Die Felsgruppe mit einem DURCHMESSER von etwa einhundert Metern befindet sich im einem der HERRSCHAFT HEIDENREICHSTEIN gehörigen Wald. Die Erklärung zum NATURDENKMAL erfolgte im Jahre 1942.

Interessant ist wohl auch der Name. Der verdienstvolle Beschreiber niederösterreichischer Naturdenkmäler AUGUSTIN MEISINGER will ihn von BUCHEN ableiten. Das stimmt aber auf keinen Fall, befinden wir uns doch im Gebiet der Glashütten und gibt es als Gegenstück auch einen MITTERPOCHER. Hier befanden sich ehedem die POCHWERKE,

Einer der mehr als mannshohen Steinblöcke im Felsmassiv Hinterpocher bei Altnagelberg.

Eine Fülle interessanter Granitblöcke wartet im recht ausgedehnten Hinterpocher bei Altnagelberg auf den Besucher.

Alle paar Meter sieht man im Hinterpocher bei Altnagelberg einen bemerkenswerten Felsblock.

in welchen der für die Glaserzeugung notwendige, und hier auch „bodenständige", QUARZ zu kleinen Stückchen, ja zu Sand, ZERKLEINERT wurde. Diese Pochwerke wurden mit Wasserkraft angetrieben und sind als Riesenmörser vorstellbar. Bei HEIDENREICHSTEIN gibt es die Häusergruppe KIESPOCHER und der jetzt in TSCHECHIEN liegende Ort BUCHERS hat die gleiche Namensbedeutung. Auch Familiennamen wie BUCHTA, u.a. sind belegt.

Besonders bemerkenswert ist das OSTERRATSCHEN in ALTNAGELBERG, feranab kirchlicher Tradition und schon lange vor Gründung einer eigenen Pfarre. Bereits zwei Monate vor Ostern wird allwöchentlich zweimal beim *„RATSCHERSTOAN"* geprobt. Dieser Stein ist ein Teil des HINTERPOCHERS. Seine Oberfläche bietet Platz genug für die Probe der Ratscherbuben, die hier in völliger Abgeschiedenheit sich für die kommenden Ereignisse vorbereiten. Die Überlieferung bestimmt die Zahl der Ratscher: zwei Gruppen mit je einem *„RATSCHENMOASTER"*, der eine *„HAMMERLRATSCHE"* hat, mit der er auch die Zeichen zum Beenden des Ratschens gibt, und vier Ratschenbuben. Zuerst wird geratscht und dann im Sprechchor der Engel des Herrn bzw. die Todesangst Christi verkündet, nur begleitet vom Klappern der *„Hammerln"* des Ratschenmeisters. Am KARSAMSTAG wird *„AUSGERATSCHT"*, hier lautet der Spruch: *„Mir ratschn, mir ratschn die Fastnzeit aus!"* Beide Gruppen haben sich da vereinigt und ziehen hinunter durch den Ort vorbei an der

Glasfabrik zum ORTSBACH. Dort wird auf einer Brücke in der Nähe des Bahnhofes eine RATSCHE nach der anderen INS WASSER GEWORFEN, herausgeholt, mit Steinen ans Ufer getrieben, erneut ins Wasser geworfen. Die meisten Ratschen werden nach dieser Behandlung unbrauchbar, was aber offensichtlich nichts macht. Dieser eigenartige Brauch - in etwas abgewandelter Form wird er auch in NEUNAGELBERG durchgeführt - dürfte mit wandernden Glasbläsern ins Waldviertel gekommen sein.

Wiederum im Bereich von NEUNAGELBERG befindet sich der „KAIBLSTOA". Er liegt mitten im Walde und ist von anderen FELSGEBILDEN umgeben. Die MASSE sind durchaus beachtlich, sieben Meter Länge und fast acht Meter Breite. Entfernt erinnert der Stein ja auch an einen KALBSKOPF, was zur NAMENGEBUNG geführt hat. Dieser Block lag ursprünglich auf einem Absatz mit etwa zwei Meter hoher Wand dachförmig auf und ist später (schon in vorgeschichtlicher Zeit) schräg nach Norden ABGEKIPPT. Dadurch bildet er neben der Wand eine von Ost nach West begehbare HÖHLE und im Süden, eine Etage höher, ein vorragendes DACH, das gegen Süden durch einen weiteren freiliegenden Block abgedeckt wird.

Auf der heute schrägliegenden OBERFLÄCHE des KAIBLSTEINES befinden sich eine KLEINE SCHALE im westlichen Bereich und eine weitere sehr GROSSE SCHALE mit gut zwei Metern Durchmesser und einer Tiefe von 25 bis 30 Zentimetern. Diese Schalen dürften zu VERSCHIEDENER ZEIT ENTSTANDEN sein. Denn der Boden der großen Schale liegt parallel zur jetzigen Felsoberfläche, also in SCHRÄGLAGE. Das ist ein deutlicher Hinweis darauf, daß die Schale bereits vor dem Abkippen des Felsdaches entstanden ist.

Die untere HÖHLE mündet in einen schmalen SPALT, der durch den östlichen dritten Block gebildet wird.

Ein Weg führt vom „KAIBLSTOA" nach NEUNAGELBERG zum ehemaligen BRAUHAUS hin. Dabei muß man die alte *„Kaiserstraße"* überqueren. Die Erklärung zum NATURDENKMAL erfolgte 1942. Ergänzend wurde später die Umgebung mit ihren Steingebilden im Umkreis von fünfzig Metern Radius gleichfalls als Bestandteil dieses Naturdenkmales erklärt. Der Stein liegt in einem Privatwald.

Der *„KAIBLSTOA"* ist wegen der PRÄHISTORISCHEN FUNDE, die in seiner Nähe gemacht wurden, siedlungsgeschichtlich ungemein bedeutsam. KERAMISCHE RESTE und STEINWERKZEUGE konnten hier geborgen werden. Sie beweisen SIEDLUNGSTÄTIGKEIT in der JUNGSTEINZEIT. Die Originalfunde sind wohl verschollen, aber durch Publikationen und Zeichnungen hinreichend dokumentiert, so daß über ihre siedlungsgeschichtliche Wichtigkeit keine Diskussionen entstehen können. Im MITTLEREN NEOLITHIKUM, also in der Zeit des vierten vorchristlichen Jahrtausends, siedelten hier bereits Menschen. Vollkommen erhalten geblieben ist ein LÖFFEL aus TON. Diese FUNDE aus dem NAGELBERGER BEREICH zählen gemeinsam mit STEINBEILEN und STEINWERKZEUGEN aus AMALIENDORF, GMÜND, WEITRA und STÖLZLES zu den ÄLTESTEN ZEUGNISSEN menschlicher SIEDLUNGSTÄTIGKEIT im GRENZBEZIRK GMÜND.

Kommen wir schließlich noch auf die RIED STEINVIERTEL zu sprechen. Diese befindet sich etwa zweihundert Meter östlich des BAHNHOFES von NEUNAGELBERG. Eine FELSGRUPPE umfaßt nicht weniger als rund einhundert verschieden große und seltsam geformte GRANITBLÖCKE. Die Gruppe hat eine LÄNGE von 130 Metern und eine BREITE von 70 Metern. Auch diese Steine wurden 1942 zum NATURDENKMAL erklärt.

49. Der Erdstall in Nonndorf bei Raabs

In NONNDORF in der Gemeinde RAABS befindet sich ein ERDSTALL, es ist keineswegs der einzige seiner Art im Waldviertel.

Mehr als DREISSIG dieser rätselhaften, labyrinthartigen Anlagen sind bisher im Waldviertel bekannt geworden. Die FORM DER GRUNDRISSE ähnelt oft den geheimnisvollen KORNKREISEN, deren Herkunft ebenfalls ungeklärt ist.

ERDSTÄLLE sind meist GANGANLAGEN, die in Form von MEHREREN EBENEN und KAMMERSYSTEMEN angelegt wurden. Die VERBINDUNGSGÄNGE sind oftmals so ENG, daß ein Mensch kaum durchkriechen kann.

Ein Spezifikum mancher Waldviertler Erdställe ist ein RUNDGANG, der meist rund oder oval ist, manchmal aber auch die Form eines Pentagrammes hat und somit auf KULTISCH-RITUELLEN HINTERGRUND hinweist. Die Gänge sind im Löss herausgearbeitet oder in GRANIT gehauen, wobei dieser hier besonders schön und aufwendig herausgemeißelt worden ist.

Da sich die THEORIE, daß diese Anlagen für KRIEGSFÄLLE als ZUFLUCHTSORTE gedacht waren, aufgrund der ANORDNUNG, die das AUSRÄUCHERN leicht gemacht hätte, nicht erhärten ließ, sind Sinn und Zweck der Erdställe noch immer weitgehend UNGEKLÄRT. Wieder ein Stück mystisches, rätselhaftes und geheimnisvolles Waldviertel!

Einer der mehr als dreißig Erdställe im Waldviertel, genau in Nonndorf bei Raabs.

50. Der Katzenstein bei Großradischen

Der riesige Katzenstein bei Großradischen

Im Gemeindegebiet von EISGARN befindet sich im nördlichen Teil des RADISCHER WALDES auf einem HÖHENRÜCKEN der KATZENSTEIN, der im Jahre 1947 zum NATURDENKMAL erklärt wurde.

Hier haben wir es mit einer ÜBEREINANDERSCHICHTUNG riesiger Granitblöcke zu tun. Wir finden SENKRECHTSPALTEN und QUERGÄNGE vor. Die gesamte Felsformation erreicht gewaltige Dimensionen. Das Steingebilde ist sechzig Meter lang, vierzig Meter breit und erreicht eine Höhe von acht Metern.

Auch GESTEINSKUNDLICH bietet das Objekt viel Interessantes. Die Zusammensetzung des Gesteins ist PEGMATITGRANIT mit Bestandteilen von ORTHOKLAS, MUSKOVIT, BIOTIT und etwas QUARZ.

AUGUSTIN MEISINGER schreibt anschaulich: *„Das ganze Gebilde mit seinen Pflanzen (Fichten, Tannen, Farnen, Moosen und Flechten) gibt einen düsteren, schaurigen Eindruck und dürfte früher, vielleicht heute noch, ein beliebter Aufenthaltsort von Raubwild gewesen sein. Daher wohl auch der Name „KATZENSTEIN."*

SAGEN über dieses Steingebilde sind leider KEINE überliefert.

51. Der Erdstall in Kleinzwettl

Zu den meist nur SPEZIALISTEN bekannten Sehenswürdigkeiten des Waldviertels zählt auch die markant gelegene WEHRKIRCHE VON KLEINZWETTL in der Pfarre und Gemeinde GASTERN. Genau UNTER DER KIRCHE, welche an der Stelle einer alten Wehranlage errichtet wurde, befindet sich ein großer ERDSTALL.

Allein die Besitz- und Namensgeschichte verdient einige Beachtung. Das Gebiet gehörte zur alten GRAFSCHAFT RAABS. Zumindest an drei Orten läßt sich RODUNGSTÄTIGKEIT DURCH MÖNCHE aufgrund der Namen nachweisen bzw. KLOSTERBESITZ. Und überall haben wohl die Raabser Grafen den Klöstern Gebiete geschenkt.

MÜNCHSCHLAG bei NEUBISTRITZ, heute in Tschechien gelegen, wurde dem JOHANNITERORDEN in MAILBERG gewidmet.

Die Wehrkirche von Kleinzwettl beeindruckt durch ihre Lage und ihre Kunstschätze rechtfertigen einen Besuch.

Unter der Wehrkirche von Kleinzwettl befindet sich ein besonders ausgedehnter und interessanter Erdstall.

Im Bereich des heutigen GASTERN erhielt das oberösterreichische Stift GARSTEN bei Steyr Besitzungen. Das ergab sich daraus, daß BERTHOLD VON GARSTEN, der Gründungsabt dieses Stiftes ab 1111, ein Verwandter der Burggrafen von Raabs war. In Schloß WILDBERG soll er ein Weinwunder bewirkt haben, was wiederum zur Stiftung von Waldgebieten an das Kloster KREMSMÜNSTER, gleichfalls in Oberösterreich, führte. Immerhin trägt der Ort heute noch den Namen des Klosters, dem er zugehörte. GASTERN ist nichts anderes als die dem Stift Garsten zugehörige Ortschaft. Garsten hat allerdings Gastern nicht erst gegründet, das war damals schon ein recht bedeutender Ort mit dreißig Wohnstätten und einem Maierhof.

Und benachbart war dann schon um 1150 Stift Zwettl begütert, natürlich auch als Folge von Gebietsschenkung durch Graf Konrad von Raabs. Auch das hat sich in einem Ortsnamen niedergeschlagen. Ursprünglich hieß der Ort Münichreith, es ist also anzunehmen, daß die Zwettler Mönche hier die Kolonisatoren waren. Zur Unterscheidung von anderen *„Mönchsrodungen"* - es gibt ja auch bei Karlstein ein Münchreith - wurde der Ortsname dahingehend verändert, daß man das Gründungskloster, vielleicht in Analogie zu Gastern, verewigte, die Gründung von Zwettl erhielt folgerichtig den Namen Kleinzwettl.

Die Baugeschichte und Kunstschätze der Wehrkirche zu würdigen, würde wohl den Rahmen sprengen. Wenden wir uns vielmehr dem Erdstall unter der Kirche zu.

Es kann angenommen werden, daß der Erdstall und der ursprünglich über ihm auf dem Hausberg befindliche Wehrbau um einiges älter als die Wehrkirche sind. Derartige Hausberge finden sich mehrere in der näheren und weiteren Umgebung. Es sei nur an Vestenötting gedacht, wo sich ja auch auf dem Hausberg jetzt eine Kirche befindet. Auch die Kirche von Gastern steht wahrscheinlich auf den Resten eines Erdbauwerkes und auch hier mag es einen Erdstall geben oder gegeben haben.

Wahrscheinlich wurde dieses *„feste Haus"* von einem Ministerialen angelegt, um im unsicheren Grenzland einen Stützpunkt zu haben. Die Namen dieser kleinen Adligen werden ja kaum in Urkunden überliefert.

Die Erdställe im Waldviertel sind alle während der Kolonisationszeit des Gebietes entstanden. Es mag wohl keinen Ort in unserem Gebiet gegeben haben, in welchem sich nicht so ein Erdstall befunden hat. Nur in den wenigsten Fällen mag es sich dabei um Fluchtwege gehandelt haben, wie oft von der Volkssage überliefert wird. Diese Erdställe dienten vielmehr als Verstecke, und wenn schon nicht für Menschen, so doch für deren Hab und Gut.

So kam es vor, daß manchmal die Habseligkeiten einen Menschen *„überlebten"*, also erhalten blieben, während ihr Besitzer durch die kriegerischen Ereignisse umgekommen ist. Das führte zu Sagen von verborgenen Schätzen. Obwohl es sich bei der relativen Armut der Bevölkerung tatsächlich wohl nie um Schätze gehandelt hat, welche man in den Erdställen versteckte. Aber gerade wegen der relativen Armut traf der Verlust von Hab und Gut umso schmerzlicher, war man daher bestrebt, auch Dinge des alltäglichen Lebens vor dem räuberischen Zugriff fremder Soldateska zu bewahren.

Gerade dies trifft nun eindeutig beim Erdstall unter der Wehrkirche von Kleinzwettl zu. Dieser diente tatsächlich als möglichst sicherer Aufbewahrungsort. Knapp vor dem Beginn des Rundganges finden wir seitlich in die Wände eingelassene Schlitze. Diese dienten ausschließlich zur Anbringung einer Absperrung. Die Anordnung machte aber nur ein Absperren von außen möglich.

Für den längeren Aufenthalt von Menschen war dieser Erdstall sicher nicht gedacht. Das zeigte sich bei seiner Freilegung im Herbst 1980. Schon nach weniger als einer Stunde mußte der Stollen fluchtartig verlassen werden, da es keine Atemluft mehr gab. Nicht einmal für das Kerzenlicht reichte der Sauerstoff aus.

52. Der Hutstein bei Haugschlag

Auf einer Anhöhe am Ortsrand von HAUGSCHLAG führt ein markierter Steg zu diesem großartigen Steingebilde. Bereits in alten MILITÄRKARTEN ist der HUTSTEIN als MARKANTER PUNKT eingezeichnet. Das ist auch gar nicht verwunderlich, ragt er doch in eine Höhe von fünf Metern und war weithin sichtbar. Wie eben der HUT EINES RIESEN, was auch zur NAMENGEBUNG geführt hat.

Heute ist der Stein vom Hochwald umgeben, dennoch ist und bleibt er ungemein eindrucksvoll.

Zwei geographische Besonderheiten sind noch in der Gemeinde Haugschlag anzuführen, der MERIDIANSTEIN und der NÖRDLICHSTE PUNKT unseres Heimatlandes Österreich.

Auch in Österreichs nördlichster Gemeinde Haugschlag befindet sich ein Granitblock von besonderer Formenschönheit, der Hutstein.

In ROTTAL, nördlich von Haugschlag an der Staatsgrenze zu Tschechien gelegen, schneiden einander der 15. LÄNGENGRAD ÖSTLICH VON GREENWICH, für den ja schon vor mehr als dreißig Jahren in GMÜND ein MERIDIANSTEIN errichtet wurde, und der 49. NÖRDLICHE BREITENGRAD. Die Gemeinde Haugschlag und das Bundesamt für Eich- und Vermessungswesen haben nun gemeinsam am genauen Schnittpunkt einen eigenen Meridianstein errichtet, welchen es seit dem Frühjahr 1989 gibt. Daß die ORTSZEIT der Orte entlang des 15. Längengrades genau mit der MITTELEUROPÄISCHEN ZEIT ÜBEREINSTIMMT, darf wohl als bekannt vorausgesetzt werden.

Am NÖRDLICHSTEN PUNKT ÖSTERREICHS kann man sich so richtig im Herzen von Europa fühlen. Auf einem Wegweiser sind die GENAUEN ENTFERNUNGSANGABEN zu allen Hauptstädten Europas angegeben. Wer durch manche dieser Entfernungen erschreckt wird, der kann mit geringeren Distanzen beginnen. Etwa mit einer DURCHQUERUNG ÖSTERREICHS. Der WEITWANDERWEG 608 nimmt vom nördlichsten Punkt Österreichs seinen Ausgang und in etwa 34 Tagesetappen kann man den SÜDLICHSTEN PUNKT unserer Republik, den SEEBERGSATTEL nach 678 Kilometern erreichen.

Diese überaus bemerkenswerte Gesteinsformation ist bei Haugschlag zu sehen.

Mystisches Waldviertel

Rätselhaftes - Geheimnisvolles - Unerklärliches

Über 1 Milliarde Jahre ist es alt, das Waldviertel. Die sagenumwobenen Steine (Restlinge) und Steinformationen mit ihren rätselhaften Opferschalen sind noch Reste des variszischen Gebirges, einstmals höher als die Alpen. Viele prähistorische Funde zeugen von frühester Besiedelung. Rätselhafte Erdställe, geheimnisvolle Kultanlagen, Druidentreffpunkte und spirituelle, geomantische Kraftplätze, die nur in diesem Gebiet zu finden sind, sorgen für die Einmaligkeit dieser Natur, Kultur-, Erlebnis- und Abenteuerlandschaft. Lassen Sie sich nun ins Land der Mystik verführen! Waldviertel - Natur zum Träumen!

MENSCHENOPFER EINE LEGENDE?

Sie werden überrascht sein, welche Rätsel und Geheimnisse sich um das „Mystische Waldviertel" ranken. Wurden in den Schalen (meist runde Vertiefungen) der großen Granitrestlinge Tiere oder sogar Menschen geopfert? Welchen Zweck hatten die labyrinthartig angelegten Erdställe, die weltweit sehr selten sind und nur im Waldviertel einen geheimnisvollen Rundgang (sogar in Pentragrammform) aufweisen? Waren es unterirdische Kultanlagen? Wieso gibt es die einzige Steinpyramide Mitteleuropas im Herzen des Waldviertels, also bei Zwettl. Wie alt ist sie? Ist sie eine Grabanlage oder Kultstätte? Wieso liegen Orte gleichen Namens auf einer Linie oder ergeben ein geometrisches Muster (z. B. Marien-Orte)? Wer schuf die großartigen Kultanlagen, die oft bis 2 ha groß sind? Sind es Grabstätten oder dienten sie rituellen Zwecken? Man weiß, daß sich in regelmäßigen Abständen die Druiden der keltischen Stämme trafen. War das Waldviertel das lang gesuchte Zentrum europäischer Druidentreffen in der Keltenzeit? Wie entstanden die riesigen „Steinbilder", (z. B. Totenkopfstein, Adlerstein, Sphingenstein, Kogelstein, Teufelsfelsen etc.) und Wackelsteine, wo 120 Tonnen von Menschenhand bewegt werden können? Wieso sieht man jedes Jahr die Spuren des Henkerwagens nach einer Begebenheit, die vor 350 Jahren stattfand (ein - wie sich später herausstellte - unschuldig Verurteilter, stieß einen Fluch aus, der sich Jahr für Jahr im Pflanzenwuchs manifestiert. Man sieht die Spur des Henkerwagens!)? Was ist das Geheimnis der unterirdischen Burgen und Wehranlagen (Feinasberg)? Wozu diente die einzige Doppelstiegenanlage in Kirchberg/Walde? Wie entstand die „Steinerne Stiege" bei Zwettl, der letzte Rest einer ehemaligen Siedlung und aus welcher Zeit stammt sie? Rätsel über Rätsel, ungeklärte und offene Fragen stellen sich.

Hunderte Hinweisschilder beschreiben die Standorte der „Mystischen Orte".

KRAFTPLÄTZE ALS TOURISMUSSCHIENE.

Naturwissenschaftliche Phänomene, geomantische Energien, sogenannte Kraftplätze und deren wissentliche Nutzbarkeit in vergangenen Zeiten sorgen für die Einmaligkeit dieser geschichtsträchtigen Natur-, Kultur-, Erlebnis- und Abenteuerlandschaft. Lassen Sie sich ins Land der Mystik entführen. Vielleicht können wir bald einige der vielen Rätsel lösen und uns Erkenntnisse alter Völker nutzbar machen.

Genauere Infos unter: Rupert Leutgeb, 02822/541 76, Industriestr. 4, A-3910 Zwettl. **Homepage:** http://www.mystomania.co.at.
e-mail: R.Leutgeb@wvnet.at

WAS GIBT ES ÜBER DAS „MYSTISCHE WALDVIERTEL"?

Bücher: „Waldviertler Heimatbuch", 656 Seiten, 400 Farbfotos, 200 SW, 120 Pläne und Lageskizzen + Wanderkarte, Burgen- u. Schlösserkarte. Preis: **550,-** ATS.

„Mystisches Waldviertel". Dieses Werk ist die bisher umfangreichste Beschrei-bung an mystischen Plätzen, Kultorten, unerklärlichen Phänomenen, Sagen und Legenden. Auf 498 Seiten wird über Geomantie und Kugelblitze geschrieben. Der „mystische Reigen" beschreibt die einzige Pyramide Mitteleuropas, spricht von heiligen Bäumen und Schutzgeistern ebenso, wie von Sagen, Wundern und Mythen, Kraftplätzen, Kult- und Grabanlagen, Druidentreffpunkten, das Geheimnis der Erdställe etc. 498 Seiten, 400 Bilder, 500 Kurzsagen etc. Preis: **498,- ATS.**

Folder **„Mystisches Waldviertel"**, 52 rätselhafte, geheimnisvolle Kultstätten mit Beschreibung und Ortsangaben. 55 Farbfotos. Preis: **50,-** ATS.

CD **„Mystische Stätten des Waldvier-tels"** ab März `99 erhältlich. 52 mystische Plätze werden auf 2 CD`s beschrieben. Spezielle akustische Hintergrundeffekte sorgen dafür, daß Abenteuer im Kopf stattfindet! Preis: **399,-** ATS.